KB089349

헌책방,
인문학의 추억을 읽다

인문학, 헌책방에 말을 걸다

헌책방, 인문학의 추억을 읽다

김정희 지음

인문학의
추억을 읽다

씽크북

헌책방의 문을 열며

헌책방에 들어가 책 냄새를 맡으며 행복했다. 40여 년의 세월을 훌쩍 넘나들면서 동화를 읽으며 저절로 미소를 짓기도 했고, 여학생이 된 기분으로 시집을 읽으며 감성에 젖기도 했다. 읽었던 책을 만났을 때는 반가움에 탄성을 질렀고, 읽지는 않았으나 제목만 아는 책을 만났을 때는 스스로를 반성했다. 읽어야 할 책들이 많다는 것을 알았을 때는 잠시 절망했다가 다시 행복해졌다. 앞으로 읽을 것이 많다는 것, 책을 읽을 나날들이 남아있다는 것은 얼마나 행복한 일인가.

헌책방은 어릴 적 혼자 올라간 다락방 같은 아늑함이 느껴진다. 깔끔하지는 않지만 왠지 친숙하고 정겨웠다. 잘 정돈된 고서점 분위기의 헌책방은 나름대로 품격이 있었고, 책들이 천장까지 쌓여있어 도저히 들어갈 수도 없는 창고 같은 헌책방은 풍성함이 느껴졌다. 길거리까지 쌓아둔 헌책방은 멋진 인테리어보다 가치가 있었으며, 차곡차

곡 쌓아놓은 책더미를 보면 정숙함이 느껴지기도 했다. 책들을 뒤지다 보면, 시간 가는지도 모르고 손은 어느새 먼지투성이가 되지만 오랜 세월의 곰팡내가 정겹기만 했다.

헌책방 나들이에서 가장 마음에 들었던 곳은 부산 보수동 헌책방거리였다. 다양한 책들도 많았고 문화의 거리로 자리매김된 것 같아서 반가웠다. 덤으로 부산 자갈치시장을 돌아보고 바다를 바라볼 수 있는 운치도 있었다.

인천 배다리 헌책방 골목에서는 인천개항누리길을 걸을 수 있었고, 서울 홍대의 헌책방을 돌면서 청춘들의 싱그러움을 구경할 수도 있었다. 서촌에서는 가족의 역사를 들으며 커피 한 잔을 할 수 있는 여유로움이 있었다. 대구의 남문시장에서는 친숙함이 좋았고, 대전 원동 중앙시장에서는 책과 더불어 음악까지 들을 수 있어서 흥겨웠다.

전주 동문사거리에서는 오랜 지인들을 만나 전주 막걸리 한 상을 대접받으며 우정을 나눌 수 있어서 반가웠다. 그러나 이번 헌책방 나들이에서 다른 어떤 곳보다 가슴이 아프고 기억에 남을 곳은 바로 광주 계림동이었다. 그곳에서 세월호 참사를 들었으며, 잊었던 지난 역사를 떠올릴 수 있었다.

그동안 참 많은 것들을 잊거나, 모르거나, 외면했던 자신을 뒤돌아볼 수 있었다. 무엇보다 이 책의 서술자 '그'에게 고마움을 전한다. 그

서술자는 오로지 나 혼자만의 힘으로 채워질 수 없었기에 주변의 선배, 후배, 동료들이 '그'가 되어 주었다. 이제 나도 그들의 '그'가 될 차례이다. 이번 프롤로그는 촌스러운 분위기로 문을 연다.

오랜 시간 동안 지켜봐 주시고 기다려 주신 강 사장님, 죄송하고 고맙습니다. 그리고 투병 중임에도 글쓰기를 멈추지 않는 박 작가한테도 건투를 빕니다.

유년시절,
추억의 책장을
넘기다

성장시절,
흑백의 아련함에
미소짓다

유년시절,
추억의 책장을
넘기다

골목놀이
추억의 만화

"빠-빠-라 빠-빠-빠- 삐-삐리 빠-삐코……"

그는 이렇게 시작하는 아이스크림 광고를 보고 잠시 옛 추억 속으로 들어가 보았다. 어린 시절 그가 좋아했던 만화캐릭터는 '고인돌'이었다. 〈소년 고인돌〉은 1974년부터 1982년까지 어린이 잡지 [어깨동무]에 연재되었던 작품이었다. 시대배경이 현대가 아니라 원시시대였기에 그에게 또 다른 상상력의 세계를 불러일으켰고, 독특한 그림체 때문에 더 익살스럽게 느껴지는 만화이기도 했다. 맨머리에 납작한 코, 돌도끼를 들고 있는 소년 고인돌의 모습은 다른 만화들과 달리 아이들의 순수함을 더 살릴 수 있는 캐릭터였다.

박수동 만화의 특징은 바로 성냥개비로 그림을 그린다는 점이다. 독특한 이 화법은 〈수난이대〉와 〈흰 종이 수염〉으로 유명한 소설가 하근 찬과의 인연 때문이었다. 함께 근무했던 잡지사에서 하근찬이 마감 전 급하게 성냥개비로 글씨를 쓰는 모습을 본 후라고 한다. 성냥개비로 작 업을 하면 데생 후 펜으로 다시 그리지 않아도 바로 그림 작업에 들어 갈 수 있는 장점이 있다. 그러나 성냥개비로 작업을 하면 수정할 때 버 려지는 원고가 많을 수밖에 없었다. 또 성냥개비로 작업을 하면 끝이 무뎌지기 때문에 새 성냥개비가 많이 필요할 수밖에 없었다고 한다. 그 래서 술자리에서도 성냥이 보이면 주섬주섬 챙겼다는 일화로도 유명한 화법이다.

그가 처음으로 본 만화는 아마도 풍선껌에 붙어있는 만화였던 것으 로 기억된다. 껌 크기만한 만화로 풍선껌을 후후 불면서 보았다. 그 만화를 보려고 풍선껌을 사기도 했었다. 이후 학교에 들어가게 되면 서 '일일공부' 시험지에 실린 만화를 볼 수 있었다. 친구들이 놀자고 부르는 소리에도 뚝딱 시험지를 풀고 나갔다. 달랑 한 장짜리의 시험 지는 시간이 오래 걸리는 어려운 숙제가 아니었기 때문이다. 어쩌면 시험지보다 만화를 기다렸는지도 모르겠다. 또 그의 기억 속에 또렷 이 기억나는 만화는 단연 길창덕 화백의 〈꺼벙이〉였다. 어린이잡지 〔소년중앙〕에 실린 꺼벙이는 또래 아이들에게도 인기가 좋았다.

더벅머리에 땜통 자국이 있고 늘 졸린 표정의 큰 눈이 인상적이었 다. 그야말로 단어 뜻 그대로 야무지지 못하고 조금 모자란 모습 그

자체였다. 그 당시 또래들 중에 머리에 땜통 자국이 있는 친구들이 있었기에 별 대수롭지 않게 생각했었다. 그 자국은 알고 보니 머리의 뿌리에 곰팡이가 기생하는 병인 두부백선 자국이었다. 꺼벙이의 동생 꺼실이도 재미있는 캐릭터였다. 꺼실이는 시골외가에서 자라다가 나중에 등장하게 되는데 서울말을 쓰는 꺼벙이와 달리 경상도 사투리를 쓰고 힘도 장사인 친구이다.

말썽꾸러기 꺼벙이의 일상을 옴니버스 형식으로 그린 만화는 캐릭터만 보더라도 그 당시의 추억을 떠올릴 수 있는 사람들이 많을 것이다. 서울 지하철이 개통된 후 서로 자랑을 하는 장면은 그의 추억과도 연결되기에 아직도 기억에 남는다. 1974년 8월 15일 개통된 1호선은 당시 서울역에서 청량리역까지 운행되었다. 그의 집이 서울 변두리였기 때문에 시내로 나가려면 늘 청량리역까지 버스로 움직였었다. 지하철이 운행되면서 그는 외가를 방문하는 일이 편해졌다. 오랜 시간 버스를 타면서 그는 잠과 싸워야만 했다. 어린 동생을 엄마가 업고 타면 그는 '자면 두고 내린다' 라는 말이 무서웠다. 외가에서 돌아오는 길이면 양 손에 짐을 한 가득 들고 동생까지 업고 있는 엄마로서는 힘에 부쳐 그까지 챙기기에는 버거웠을 것이다. 그런데 긴 시간 동안 어찌 잠이 안 들 수가 있었겠는가. 엄마에게 등짝을 맞아가면서 겨우겨우 깨어나거나 주변 분들의 도움으로 버스에서 내릴 수 있었다.

지하철로 이동이 가능하게 되면서 차멀미에 대한 고통에서도 벗어날 수 있었다. 그가 기억하는 서울의 지하철 전동차는 중간 부분이 빨간색이었고 수도권 전동차는 위아래 부분이 파란색이었다. 전동차 색깔에 맞게 의자도 맞추었다. 처음 지하철을 탔을 때 빨간색의 융단은 부드럽기만 했다. 외가로 갈 때는 파란색 전통차로 갈아타야 했는데 추운 겨울, 다리에 전해지는 그 따스함이 아직도 생생하다. 우리나라 최초의 지하철 차량은 신정차량기지에, 최초의 수도권 전동차는 철도박물관에 보관되어 있다.

방학숙제가 하기 싫어서 꺼벙이가 꾀병을 부리다 결국 제 꾀 때문에 바나나를 못 먹는 장면에서는 아직도 웃음이 절로 나온다. 요즘에서야 값이 싸고 흔한 바나나이지만 그 당시에는 귀했다. 결국 꺼벙이

는 한약방까지 가야 했고 급기야 친척이 사온 바나나를 먹지 못하게
된다.

어린이날에 꺼벙이가 당시 창경원으로 불렸던 동물원에 간 이야기
도 그에게는 친숙한 풍경이었다. 창경궁이라는 원래의 이름을 되찾은
것은 1983년 12월 30일임에도 아직도 그에게는 창경원이라는 이름으
로 기억하고 있다. 이는 어릴 적 익숙했던 단어들을 의식적으로 바꾸
려고 애쓸 때마다 화가 나는 일이기도 하다. 국민학교라는 단어도 그
렇다. 아직도 남아있는 일제강점기의 잔재들과 어린 시절 순수했던
추억이 겹쳐지기 때문이다. 1909년 일제는 궁 안의 전각들을 헐어버
리고 동물원과 식물원을 설치하였다. 궁 안의 정원도 일본식으로 꾸
몄고 창경궁과 종묘를 잇는 산맥도 절단해 버렸다. 이름도 창경궁에
서 창경원으로 격하시킨 그곳이 그의 어릴 적 추억의 장소가 된 점이
안타까운 일이다.

아직도 그의 사진첩에는 한 손에 풍선을 든 채 울타리에 갇힌 낙타
들을 구경하는 흑백사진이 남아있다. 일제에 의해 훼손되지 않았더라
면 창경궁에 대한 기억이 더 아름다웠을 것이다. 창경궁은 그의 유년
시절이 지난 1983년 7월에서야 복원공사가 시작되어 청년시절에서야
원래의 모습을 갖출 수 있었다. 동물원과 식물원, 일본식 건물을 철거
하고 문정전 등을 복원하였고 벚꽃나무도 한국 전통 나무들로 대체해
조성했다. 1986년 개장을 앞두고 70년 동안 이곳의 명물이었던 수백
그루의 벚꽃나무를 베어내는 문제로 당시 논란이 많았으나 결국 베어

졌다. 나무가 무슨 죄가 있겠냐만 일제잔재를 청산하고자 하는 의견
이 압도적이었기 때문이다. 나무를 베어낸다고 해서 일제잔재가 없어
지는 것일까. 아직도 남아있는 일제의 흔적들이 댕강 나무 베듯이 사
라져버린다면 얼마나 좋을까싶다.

　길창덕 만화가의 〈꺼벙이〉는 1970년 〔만화왕국〕에 연재된 명랑만
화이다. 1974년 〔소년중앙〕으로 옮겨 연재됐고 1977년 완결되었다.
그의 저학년 시절은 〈꺼벙이〉와 함께, 고학년 시절은 〈소년 고인돌〉과
보낸 셈이라고 해도 과언이 아닐 것이다. 〈꺼벙이〉보다 앞선 길창덕의
작품으로는 〈재동이〉와 〈순악질여사〉가 있다. 〈재동이〉는 1966년 〔소
년한국〕에, 〈순악질 여사〉는 1970년 〔여성중앙〕에 연재를 시작했으니
길창덕의 만화는 오랜 기간 동안 인기 있는 장수 캐릭터를 여럿 만들
어 낸 셈이다. 꺼벙이는 1980년 이화여대에서 진행한 한 조사에서 어
린이들이 가장 좋아하는 만화로 선정되기도 했는데 당시 어린이들에
게 얼마만큼의 인기가 있었는지를 짐작할 수 있다. 현 한국만화영상진
흥원의 전신인 부천만화정보센터에서 지정한 '캐릭터 명예의 전당'에
오르기도 했으며 꺼벙이 만화 우표가 발행되기도 했다.
　당시 어른들은 아이들이 만화를 보는 것을 그리 좋아하지 않았다.
그러나 길창덕 만화는 가족을 중심으로 이야기가 진행되기에 건전한
만화로 여겼다. 1981년 색동회상을 수상했고 이후 대한민국출판만화
대상 공로상, 보관문화훈장을 받기도 했다. 이런 수상내력 때문인지

그가 만화를 보는 것에 대해 어른들은 관대했다.

〈꺼벙이〉는 2001년 바다출판사에서 단행본으로 출간되었지만 지금은 아쉽게도 절판되었고 중고도서점에서는 10만원 이상의 가격으로 거래되고 있다. 또 2013년 대중경매사이트 코베이의 취미 예술품 경매 '삶의 흔적'에서는 〈달려라 철인 소년〉, 〈바벨 2세〉, 〈대장 불리바〉 등으로 유명한 [새소년 클로버문고]는 경매 시작 전부터 만화 애호가들의 열띤 관심을 모았다. 그 결과 10권의 만화책은 130만원에 낙찰되기도 했는데 누렇고 낡은 만화책이지만 소장하고 싶어 하는 마음은 돈보다도 값진 어린 시절의 추억 때문일 것이다.

〈코주부〉, 〈도깨비감투〉, 〈강가딘〉, 〈독고탁〉 등 그 추억들이 새록새록 솟아나는 이런 만화책들은 지금 구하기는 어렵다. 하지만 부천 한국만화박물관에 가면 그 흔적이라도 느낄 수 있다. 우리나라 만화의 역사를 한눈에 볼 수 있게 전시해 놓았기 때문이다. 우리나라 최초의 단행본 만화책은 1946년 김용환의 〈토끼와 원숭이〉부터 시작되는데 문화재로 등록되어 있다. 토끼는 우리나라를, 원숭이는 일제를 비유해 풍자적으로 표현하였다. 말풍선이 아닌 설명이 이야기책형식으로 되어 있다는 점이 지금 만화와 다르다. 부천 한국만화박물관에서 시대별로 다양한 만화책과 만화영화 상영관, 체험관 등을 둘러보면서 옛 추억에 잠겨보는 것은 어떨까.

다른 동화책과 달리 만화는 어릴 적 기억을 구체적으로 떠오르게 하는 힘이 있다. 만화가 주는 그림체의 현장감이 생동감 있게 눈에 보이기 때문이다. 만화책을 뒤적이면 꺼벙이가 뛰어놀았던 골목이 생생하게 전해진다. 마치 어릴 적 흑백사진을 보는 느낌처럼 말이다. 그가 살았던 곳은 주택가가 밀집된 망우동이었다. 1970년대 산업화시대의 영향으로 서울로 유입된 인구들이 많아지자 학생들을 수용할 수 없었던 학교는 2부제 수업을 했다. 학교가 끝난 후 골목길의 풍경은 아이들의 놀이터였다. 아이들은 구슬치기, 딱지치기, 다방구, 소꿉놀이를 하면서 골목을 누비고 다녔다. 몇 년 전 경춘선을 타고 지나가다 그 동네를 보았을 때 아련한 추억에 젖기도 했다. 먹골배로 유명했던 배밭이 많았던 자리에는 아파트와 고층빌딩들이 들어서 있었다. 그는 아직도 가끔 어린 시절 그가 놀았던 골목들을 찾아서 헤매는 꿈을 꾼다. 지금은 사라져 가는 골목들에서 '철수야, 영희야, 놀~자.' 라는 아이들의 소리들이 들리는 것만 같다.

골라 읽는 재미,
세계문학전집

그의 어린 시절, 계몽사에서 나온 50권짜리 〈소년소녀 세계문학전집〉을 읽고, 또 읽었다. 전집류의 책은 처음이었다. 책을 구입하면서 책꽂이가 아닌 큰 책장을 처음으로 들여놓게 되었을 때의 설렘을 그는 아직도 기억한다. 박스에 쌓인 책을 풀면서 오른쪽에서 왼쪽으로 차례차례 꽂아 두었는데 첫 권은 〈그리스 로마 신화〉였다. 다음으로는 〈호머 이야기〉, 〈성경 이야기〉 등으로 읽다가 나중에는 목록 순서대로 읽지 않았다. 책이 여러 권이다 보니 마음에 드는 책들을 골라서 읽는 재미가 있었기 때문이다. 주황색 하드커버의 책장을 처음 펼쳤을 때 쩍쩍 들리는 새 책 넘기는 소리와 잉크 냄새가 그저 좋았다.

어릴 적 읽었던 계몽사 전집에는 영국, 미국, 프랑스 동화집뿐만 아

신화

니라 북유럽, 러시아, 인도 등의 동화집의 이야기들도 있었다. 그동안 접하기 힘들었던 다른 나라들의 신선했다. 그러나 아직도 기억에 남는 동화들은 소설류였다. 〈플란더스의 개〉를 보면서 주인공 소년 네로와 개 파트라슈 때문에 가슴아파했고, 〈톰 소여의 모험〉에 나오는 나무 위의 오두막 같은 우리들만의 공간을 꿈꾸기도 했다. 실제로 어린 시절에 우리들만의 비밀공간을 만들기도 했다. 또 〈세계명작동요동시집〉을 읽으며 시라는 것을 처음 접하기도 했다.

〈빨간 머리 앤〉이나 〈홍당무〉도 그 주황색 전집 시리즈에 있었던 것으로 기억하는데 사실 이 책들은 50권 전집에는 없다. 아무래도 그의 생애 첫 전집인 주황색 책들의 강렬했던 기억 때문인 듯하다. 앤이나 홍당무는 다른 동화와 달리 주인공들이 예쁘지 않고 평범해서 좋았다. 잘나고 뛰어난 주인공의 이야기는 이미 어릴 적에 질리도록 읽었기 때문에 실수투성이인 앤 이야기에 빨려 들어가지 않을 수 없었다. 더군다나 주인공이 '고아'라는 설정, 그러함에도 씩씩하게 살아가는 앤의 모습은 충분히 매력이 있었다.

"주근깨 빼빼마른 빨간 머리 앤, 예쁘지는 않지만 사랑스러워."

몇 년 전, 우연히 텔레비전 채널을 돌리다 어릴 적 보던 만화영화를 다시 만날 수 있었다. 일본의 TV 만화시리즈로도 잘 알려진 〈빨간 머리 앤〉은 1908년 캐나다 작가 루시 몽고메리의 8부작 연작소설로 원래 제목은 〈푸른 지붕의 앤(Anne of Green Gables)〉이다. 이 책이 탄생하게 된 배경은 이런 메모 종이 때문이다.

'어떤 농부가 양자를 삼기 위해 사내아이를 고아원에 부탁했더니, 일이 잘못되어 여자 아이가 오게 되었다.'

메모하는 습관이 있었던 작가 루시 모드 몽고메리는 어느 날 우연히 옛 기록을 보게 되면서 이 책을 완성하게 된다. 이웃에 사는 독신의 남매 집에 함께 사는 어린 조카딸을 보고 상상을 한 메모 종이였다. 이 원고를 출간하고자 하는 출판사가 없어 묵혀두었다가 몇 년 후에야 세상에 나올 수 있었다. 이 책의 배경이 되는 프린스에드워드 섬도 작가의 고향이고, 자신의 모습을 닮은 앤을 탄생시킨 것이다.

앤 셜리라는 감성이 풍부하고 말이 많은 소녀가 성장해 가는 과정을 묘사한 이 책은 한 시골마을에 대한 낭만적 묘사만으로도 그의 감성을 자극시키기에 충분했다. 초록 지붕 집의 풍경은 상상만으로도 아름다운 곳이었고 수다쟁이 앤의 모습에 그도 흠뻑 빠질 수밖에 없었다. 등장인물들의 감정에 대한 서술이 잘되어 있는 점도 좋았다.

그는 앤이 마을에 들어서 초록지붕 집으로 갈 때를 상상해 보았다.

"참 아름답지요? 저기 언덕에 삐져나와 있는 하얀 레이스 같은 나무를 보고 아저씨는 무엇을 상상하세요? 물론 새색시예요. 보세요. 머리 위에서부터 발끝까지 환옷을 입고 멋진 안개 같은 면사포를 쓴 새색시요"

앤이 매튜 아저씨의 마차를 타고 이 마을로 들어설 때 길가에 늘어선 백양나무를 보면서 한 말들이 생각났고, 구름 같은 사과꽃이 활짝 핀 길을 가면서 '환희의 하얀 길'이라고 이름붙이며 재잘대던 모습이 떠오른다. 앤은 이 모습을 보고 가슴이 이상하게 털썩 내려앉는 듯한 아픔을 느꼈다고 말하기도 했다. 이 사과나무 길을 지나 언덕을 넘으면 언덕 밑으로는 긴 강처럼 보이는 연못인 '빛나는 호수'가 있다. 초록지붕 집에서 앤이 맞이한 첫 아침의 장면이 떠오르는가? 앤처럼 상상의 날개를 편다면 '눈의 여왕'이라고 이름붙인 벚나무가 보일 지도 모른다. 창문 밖에는 파란 하늘과 흰 구름, 하얀 꽃이 만발해 있는 벚꽃의 아름다운 풍경에 앤처럼 '눈의 여왕'에게 두 손가락으로 키스를 보낼지도 모른다. 뭐니 뭐니 해도 재미있는 사건은 길버트를 만나는 장면이었다. '빨간 머리'라는 말을 싫어했던 앤은 생전 처음 간 학교에서 '홍당무'라는 말을 듣고 길버트의 머리를 석판으로 내리치는 장면은 아직도 아찔하다.

독자들에게 인기를 끌면서 앤의 처녀 시절을 다룬 〈에이번리의 앤〉, 앤의 대학생 시절을 다룬 〈레드먼드의 앤〉, 앤의 고등학교 시절을 다룬 〈윈디 윌로우스의 앤〉, 앤의 신혼 초기 시절을 다룬 〈앤의 꿈의 집〉 등의 여러 후속작들이 출판되었다. 또 앤의 아들들, 아들들의 1차 대전 참전, 나아가 앤이 세상을 떠날 때까지 계속 서술되었다. 사상최대 1억부를 돌파한 이 책은 여전히 꾸준한 사랑을 받고 있다. 동서문화사에서 출간된 10권짜리 세트는 그가 소장하고 싶은 책이기도 하다. 작가는 1942년 캐나다 토론토 '여로의 끝' 집에서 생을 마감했는데 현재 이 집은 다른 사람의 소유로 되어 있어 안으로 들어가지는 못한다. 작가의 고향 에이본리 마을에서는 소설 속 배경인 초록지붕의 집을 재현하여 관광객들에게 즐거움을 주기도 한다. 실제 소설에 나오는 초록지붕의 집은 불로 소실되어서 다시 재건했다.

〈빨간 머리 앤〉 다음에 그가 읽었던 책은 〈홍당무〉였다. 앤처럼 낭만적인 내용일 것이라고 상상하면서 읽었지만 내용은 그렇지 않았다. 〈홍당무〉는 프랑스의 소설가이자 극작가인 쥘 르나르가 1892년에 발표한 소설이다. 사춘기 소년의 일상을 재미있는 삽화와 함께 스케치 형식으로 그려낸 작품으로서, 작가의 유년시절을 소재로 삼은 일종의 성장소설이다.

주인공은 머리카락이 붉고 얼굴에 주근깨가 많다는 이유로 이름보다 '홍당무'라는 별명으로 불려진다. 원제 'Poil de Carotte'는 홍당무에 붙은 수염을 뜻하는 말이다. 하지만 홍당무는 〈빨간 머리 앤〉과 달리 고아가 아니면서도 사랑을 받고 자라지 못한다. 르픽 부인은 늘 트집을 잡아 홍당무를 구박했고 형이나 누나도 마찬가지였다. 아버지는 거의 말이 없고 애정을 표현할 줄 모르는 무뚝뚝한 성격이다.

이런 불행한 가정환경 속에서 태어난 홍당무는 사랑받기 위해 거짓말도 하고 엉뚱한 행동을 한다. 어릴 적 책을 읽으면서 이해하지 못했던 것은 르픽 부인의 행동이다. '어떻게 자식한테 저런 악담을 마구 쏟아낼 수 있을까'라는 생각을 했었다. 잠자리에서 실수한 홍당무의 소변으로 스프를 만들어 먹이기도 하는 장면은 엽기적이다. 르픽 부인은 홍당무의 머리카락을 쓰다듬는 척하며 잡아 뜯기도 하고, 항상 주머니에 손을 넣고 다니는 홍당무의 손을 주머니에 넣은 채로 꿰매 버리기도 한다.

〈신데렐라〉나 〈콩쥐 팥쥐〉에 나오는 계모보다 더 지독한 친모의 행동에 화가 나기도 했다. 어릴 적에는 계모에 대한 인식이 좋지 않았던 때였다. 조금만 서운하게 해도 '아마도 친엄마가 아닐 거야.'라는 생각으로 슬퍼하기도 했던 때였으니까 말이다.

"하늘의 구름도, 길거리의 개똥도 모두 저 애 거예요."

"저 애는 뽐내길 너무 좋아해서 누가 재미있다고만 하면 자살이라도 해 보일 거예요."

이렇게 말하는 르픽 부인의 잔인한 말들이나 행동들은 아동학대임에 분명하다. 오죽했으면 홍당무가 자살까지 생각했을까. 그러함에도 홍당무는 비관적이거나 우울한 아이로 성장하지 않았다.

"아무도 나를 사랑해 주지 않아!"

라고 소리치면서도 르픽 부인의 무시무시한 모습을 보고 어쩔 줄 모르면서 이렇게 말한다.

"물론 엄마는 빼고요."

홍당무의 모습을 보면 비록 지저분하고, 엉뚱하고, 영악한 모습이지만 사랑하지 않을 수 없다. 그러면서도 홍당무의 모든 행동들이 '사랑받고 싶은 마음' 때문에 빚어진 일들이기에 마음이 아프다.

이런 주인공의 모습은 쥘 르나르의 어린 시절의 체험을 기록한 것이다. 작가의 아버지는 병이 낫지 않는데 절망하여 권총으로 자살을 했다. 형이 심장발작으로 사망한 데 이어 어머니는 사고인지 자살인지 알 수 없는 이유로 우물에 빠져 사망했다고 한다. 아마도 그의 어머니는 마음의 병을 앓고 있었던 것으로 짐작해 본다.

작가 또한 동맥경화증으로 46세를 일기로 사망했다. 작가의 불행했던 가족사와 달리 그의 문학성 성과는 다르다. 프랑스에서 권위 있는 문학상인 공쿠르 상을 수여하는 기관인 아카데미 공쿠르의 회원으로 선출되기도 했다. 쥘 르나르 사후에 발간된 〈일기〉는 23세 때부터 죽음에 이르기까지 24년간에 걸쳐 쓴 것으로 훌륭한 일기문학으로서 높이 평가되었다. 〈박물지(혹은 자연의 이야기들)〉에는 세상에서 가장 짧은 시라고 알고 있는 〈뱀〉이라는 시가 있는데 내용은 '너무 길다.' 가 전부이다. 작가가 '너무 길다'라고 표현한 뱀을 너무 짧게 표현한 점이 흥미롭다.

1970~1980년대 대표적인 아동도서 출판사였던 계몽사는 요즘 1977년 출간했던 '계몽사 문고'를 복간하고 있다. '계몽사 주니어 클래식' 시리즈의 첫 걸음인 〈삼총사〉를 시작으로 현재까지는 27권인 〈홍당무〉까지 내놓았다. 계몽사는 2013년에 1984년판 '어린이 세계의 동화(전15권)'를, 2012년엔 '어린이 세계의 명작(전15권)'을 복간

했다. 동서문화사도 1980년대의 '에이브 전집(전 88권)'과 '메르헨 전집(전 55권)'을 다시 출간할 계획이라고 한다. 복간의 원동력은 아무래도 중년의 독자들 때문이다. 1970~1980년대 펴낸 아동전집들은 요즘 헌책방에서 고가에 거래되고 있다. 낡은 전집들이 세월을 이겨내고 사랑받는 데는 어릴 때 읽었던 책의 추억을 아이와 공유하고 옛 향수를 느끼고 싶어서일 것이다.

옛날 만화책이나 전집에 대한 추억을 나누는 모임인 네이버 카페 동호회 '클로버문고의 향수'는 아직도 9천명이 넘는 회원들이 활동하면서 추억을 공유하고 있다. 헌책들을 찾는 독자들의 유년시절에는 어린이책의 선택 폭이 좁았다. 그렇기 때문에 취향의 공동체가 형성되면서 결속력도 강해진 것이다. 그가 가끔 헌책방을 들르면서 먼지 묻은 책을 훑어보는 가장 큰 이유는 각박한 현실을 잊고 잠시 유년시절로 회귀하고 싶은 마음 때문이다. 헌책방에 틀어박혀 책들을 보다 보면 엄마의 자궁처럼 포근하고 따뜻함을 발견할 수도 있을 테니까.

내 유년시절의
아픔

　춘분이 지난 후 확실히 낮의 길이가 길어졌다는 것을 느낀다. 겨울의 그늘에서 완전히 벗어나는 때이다. 이제 꽃샘추위는 없다. 농부들이 일하기 가장 좋은 시기가 이때이기도 하다. 옛사람들도 '하루를 밭갈지 않으면 일 년 내내 배부르지 못하다' 라고 했듯이 이 시기는 씨앗을 뿌리는 시기이기도 하다. 농부가 씨앗을 뿌릴 때의 설렘을 안고 헌책방 나들이에 나섰다.

　그의 오늘 일정은 헌책방 나들이다. 신촌의 글벗서점과 공씨책방을 들른 후 서대문우체국에서 버스를 타고 사직단에 내려 서촌 누하동의 대오서점까지로 잡았다. 시간이 되면 서촌 일대를 구경하기로 했다. 글벗서점은 여느 헌책방과 다르지 않았다. 서점의 간판은 일목요연했

다. 글벗서점의 이름보다 사회, 인문, 자연과학, 대학교재 등 다루고 있는 책들이 눈에 띈다. 빨간 글씨의 전화번호와 핸드폰 번호도 또렷하다. 핸드폰 번호가 아직도 016이라는 점 때문에 헌책방답다고 느낌이 들기도 했다. 입구에 가로 세로로 쌓아놓은 책들은 잘 팔리는 아동 서적이나 자기계발서적들이 대부분이었다. 서점에 들어가 한참을 서성거렸는데도 아무런 반응이 없어서 편했다. 물건을 구입할 때 오래 망설이는 편이라서 주인의 친절한 배려도 성가실 때가 있다.

안을 둘러보다가 동녘에서 나온 〈나의 라임오렌지나무〉를 챙겼다. 뒷장을 보니 1982년이 초판이었고 이 책은 1987년 25판이다. 87학번인 그로서는 반가웠다. 날짜는 4월 20일로 찍혀 있었다. 수유리에서 있었던 4·19집회 그 다음날에 이 책이 따끈따끈하게 재판되었다는 생각에 그는 살짝 상기된다. 4·19집회에 그가 참여한 것은 아니었지만 그가 기억하고 있는 날 중에 하나이다. 1987년에는 시국사건이 많았던 해였기에 그의 과거 기억법은 그러하다. 조제 마우로 데 바스콘셀로스 작가가 이 작품을 발표한 해도 그가 태어난 해인 1968년이다. 얼른 운명처럼 이 낡은 책을 구입해 버렸다. 이미 집에는 아이들 용으로 구입한 책이 있는데도 말이다.

바스콘셀로스는 가난한 어린 시절을 보냈다. 바나나 배달일과 사환, 막노동일, 어부 등 다양한 경험들은 오히려 그의 문학적 상상력에 큰 영향을 주었다. 그는 작품을 쓰기 전에 미리 탐험을 하고 오랫동안의 구상을 거쳐 작품을 완성했다. 〈나의 라임오렌지나무〉는 그가 20년 이상을 구상해왔던 작품이다. 1968년 출판 당시 10판 발행에 50만 부의 판매기록을 세우기도 했고 영화화될 뿐만 아니라 브라질 초등학교 교재로 사용되기도 했다. 전 세계 32개 이상의 나라에서 출판된 후 수천만부가 팔리며 폭발적인 사랑을 받아온 베스트셀러이기도 하다. 우리나라에는 2014년 5월에 영화가 상영되었다. 제제의 상상 속 동물원, 밍기뉴와의 놀이와 대화, 뽀르뚜가의 멋진 차와 격자무늬 식탁보까지 영화는 원작을 충실하게 스크린에 옮겼다.

이 책이 처음으로 우리나라에 소개된 것은 1978년이지만 당시에는 널리 알려지지 않았다. 심지어 이태복 광민사 대표가 전민련 사건으로 구속되면서 출판사가 문을 닫았다. 이후 동생 이건복이 동녘출판사에서 다시 번역해 출간되어 학생들 사이에서 인기를 얻게 되었다.

주인공 제제의 눈으로 본 세상은 슬펐다. 그러나 이 책을 놓을 수 없었던 이유는 그런 제제의 모습이 순수하면서도 아름다웠기 때문이었다. 다섯 살 소년인 꼬마 제제와 라임오렌지나무와의 첫 만남을 잊을 수 없다. 이사할 집을 방문하는 날 다른 형제들은 다들 커다랗고 근사한 나무들을 자기 나무로 정했지만 어린 제제 몫은 보잘것없고 조그마한 라임오렌지나무였다. 제제는 골이 잔뜩 나서 라임오렌지나무에 기대어 있다가 나무가 말하는 소리를 듣게 된다.

"어디로 말하는 거니?"

"나무는 몸 전체로 얘기해. 잎으로도 하고, 가지와 뿌리로도 한단다. 보고 싶니? 그럼 네 귀를 내 몸에 대 봐. 그러면 내 가슴이 뛰는 소릴 들을 수 있을 거야."

제제는 망설였으나 나무가 자기와 비슷한 정도로 작다고 생각하니 두려움도 사라졌다. 작고 초라해서 실망했던 나무가 오히려 친숙한 존재로 느껴진 것이다. 세상에 나무와 대화를 나눌 수 있다니, 그것도 단 둘이서만 몰래 말이다. 어릴 적 읽던 〈아낌없이 주는 나무〉와 주는 교훈적인 감동과도 달랐다. 때로는 웃음 짓고 때로는 눈물을 흘리면서 본 기억이 남아 있다. 브라질의 산업화 과정에서 소외당하는 아이들의 모습에 많은 공감이 되었다. 당시 우리나라의 현실과 다르지 않음을 느꼈기 때문이다.

"죽인다고 꼭 벽 존스의 권총을 빌어 빵 쏘아 죽이는 것이 아녜요. 그게 아니란 말예요. 제 생각 속에서 죽이는 거예요. 사랑하기를 그만두는 거죠. 그렇게 되면 언젠가 완전히 죽게 되는 거예요."
(…)
"하지만 넌 나도 죽이겠다고 하지 않았니?"
"처음엔 그랬죠. 그 후엔 반대로 죽였어요. 내 마음 속에 당신이 다시 태어나도록 그렇게 죽였어요."

제제의 말처럼 사랑하기를 그만두는 것처럼 무서운 죽음은 다시는 없을 것이다. 어떤 존재가 죽어 사라진다 해도 사람들 마음속에 남으면 얼마든지 사랑을 느낄 수 있을 테니까 말이다. 죽음과 탄생에 대해 이렇게 말하는 제제를 어찌 사랑하지 않을 수 있었겠는가. 제제와 비밀스러운 우정을 나눈 친구는 나무만은 아니었다. 바로 어린 제제에게 사랑이 무엇인지를 가르쳐준 뽀르뚜가 아저씨와의 따뜻한 우정은 감동적이었다. 상상과 공상 속의 세계에서 유일하게 세상과 소통하게 할 수 있는 존재였기 때문이다. 뽀르뚜가 아저씨의 죽음에 슬퍼하는 제제의 모습을 보고 그도 모르게 눈물이 흘러나왔다.

마지막 장의 이야기가 당시에 읽었을 때도 가슴이 먹먹했는데 지금의 나이가 되니 다시 새삼스럽다. '사랑하는 마누엘 빌라다리스 씨, 오랜 세월이 흘렀읍니다. 오늘로서 저는 마흔 여덟 살이 되었읍니다.'라는 구절을 보니 더욱 그러하다. '~읍니다' 라는 옛날의 표기법 때문일 수도 있고, '마흔 여덟 살' 이라는 나이 때문일 수도 있다. 그 구절을 이어본다.

그 시절, 우리들의 그 시절에 저는 몰랐읍니다. 먼 옛날 깨끗한 마음의 어린 왕자가 눈에 눈물이 가득 고여 제단 앞에 엎드린 채 환상의 세계에 이렇게 물었다는 것을 말입니다.
"왜 아이들은 철들어야만 하나요?"
사랑하는 뽀르뚜가. 저도 너무 일찍 철이 들었던 것은 사실입니다.

안녕히!

우바뚜바에서. 1967년.

어릴 적 읽었던 생택쥐페리의 〈어린왕자〉가 지구에 다시 왔다면 제제의 등을 토닥토닥 두드려 주었을 것 같았다. 〈나의 라임오렌지나무〉의 이야기는 〈햇빛사냥〉에 이어 〈광란자〉의 이야기로 이어진다. 다섯 살 제제가 성장해 십대에 접어들고, 열아홉 살이 된 모습을 그렸다. 〈햇빛사냥〉이 출간되자마자 문학평론가인 하이디 M. 조프리 바로소는 이렇게 평했다.

"우리는 〈나의 라임오렌지나무〉를 통해 제제를 알게 되었고 그와 함께 아름다운 우정을 꽃 피워 나갔다. 우리의 마음을 뿌듯하게 했던 그 귀여운 주인공이 시와 환상의 길을 열어 준 것이다. 그러나 그 책을 읽자마자 아쉽게도 제제와 헤어져야 했다. 하지만 작가는 자신의 유년기와 사춘기를 떠올리는 제제의 새로운 모험담을 우리에게 선물한다."

문학평론가의 말처럼 이 책은 제제가 돌아오기만을 애타게 기다리던 독자들에게는 기쁜 선물이 되었다. 그러나 그에게는 〈나의 라임오렌지나무〉를 처음 접했던 그 느낌 때문인지 어릴 적의 제제만이 기억에 남는다. 이 책을 통해 처음 알게 된 라임오렌지에 대한 단어가 아직도 상큼하게 다가오는 것처럼 말이다. 그는 라임오렌지나무가 꽃을 피워 열매를 맺으며 어른 나무가 되어가는 과정을 덤덤하게 바라보는 제제의 성장과정을 보면서 아픔을 느꼈다. '꿈속의 세계를 떠나 현실과 고통의 세계'로 들어가는 제제의 모습이 자꾸 라임오렌지나무와 겹쳐보였다. 그도 제제처럼 자신의 라임오렌지나무를 마음속에서 이미 잘라버렸기 때문인지도 모른다.

무인도의 꿈,
모험소설

〈15소년 표류기〉는 그가 어릴 적 읽었던 모험소설로는 몇 번째 손
가락에 들 정도의 책이었다. 여름방학 무렵 무료함을 달래려고 뒹굴
뒹굴 거리면서 읽었는데 소설 속의 소년들의 모험이 부러울 따름이었
다. 어릴 적에는 무인도라는 곳은 두려움보다는 신기함과 호기심의
공간이었다. 그러나 점점 커가면서 언젠가부터 무인도는 두려움과 외
로움의 공간이 되어버렸다. 어쩌면 이후에 읽은 책 〈로빈슨 크루소〉의
영향일 수도 있다. 로빈슨의 외로움에 공감을 하게 되었고 현실에 눈
을 뜨게 되었기 때문일 것이다. 만약에 〈로빈슨 크루소〉를 먼저 읽었
더라면 '무인도' 에 대한 감정이 어떠했을까 하는 생각을 가끔 해보기
도 한다.

소설의 시작은 폭풍우를 만나 배가 표류하는 아슬아슬한 장면이어서 흥미를 불러일으키기에 충분했다. 소설 속 인물들 중에서 가장 마음에 들었던 소년은 브리앙이었다. 이름도 생소한 외국이름들인데다가 많은 등장인물들이 나와서 헷갈리기는 했지만 소설 속 인물들의 성격을 잘 묘사해 놓았기에 나름대로 상상하면서 읽었던 기억이 있다. 브리앙은 프랑스의 총리 대신이자 노벨평화상을 수상한 아리스티드 브리앙의 소년 시절을 모델로 했다고 한다. 아리스티드 브리앙은 제1차 대전 후 적국이었던 독일을 국제연맹에 가입을 주선하기도 했고 국제적 분쟁을 평화적으로 해결한 인물이다. 소설 속 브리앙은 영리하고 용감하여 친구들에게 신망 받는 존재이다. 브리앙과 대립되는 인물은 드니팬이다. 어려운 상황에서 지혜로운 판단을 하는 브리앙을 방해하는 드니팬이 밉기도 했지만 이들이 힘을 합쳐서 악당들을 물리치면서 그 미움도 사라져 버렸다.

항구에서 태어난 쥘 베른은 어릴 적부터 배를 보면서 모험과 탐험을 꿈꾸었다. 호기심이 강한 쥘 베른은 11세 때 프랑스 낭트에서 인도로 가는 배에 몰래 숨어 타기도 했다. 결국 아버지에게 붙잡혀 돌아오기는 했지만 이런 용기와 열정이 멋진 작품으로 탄생할 수 있었다. 재미있게 읽었던 〈80일간의 세계일주〉를 쓴 사람이 쥘 베른이라는 것을 알았을 때 정말로 반가웠다. 이후 〈해저 2만리〉, 〈지구 속 여행〉 등의 책들을 읽을 때마다 작가의 상상력에 감탄을 하곤 했다. 〈지구 속 여

행〉은 한번 손에 잡으면 단숨에 읽어야 직성이 풀리는 마력이 있는 소설이었다. 연금술사가 남긴 고문서를 해독한 광물학 교수와 함께 떠나는 지구 속의 풍경은 신비 그 자체였다. 이 소설은 〈잃어버린 세계를 찾아서〉라는 영화로도 제작되었는데 소설로 상상만 했던 지구 속의 모습을 눈으로 직접 보는 흥미진진함이 있다.

쥘 베른은 프랑스 아미앵의 시의원으로 활동하기도 했으며, 문학적 업적을 인정받아 1892년에는 프랑스 레지옹도뇌르 4등 훈장을 받기도 했다. 레지옹도뇌르는 프랑스 훈장 중 가장 명예로운 훈장이다.

가장 기억나는 장면 중의 하나는 투표를 통해서 대장을 뽑는 장면이었다. 그가 기억하는 어릴 적 학급의 반장선출은 아이들의 의견보다 선생님의 의견이 중요했었다. 아이들도 이에 대한 어떤 문제의식을 느끼지 않았고 그 또한 그랬다.

"우리에게 지도자가 필요해. 생활을 지도하며 중요한 의사를 결정, 지휘하고 우리들 사이에 마찰이 생길 때마다 판정해줄 사람. 우리, 대통령을 뽑자."

그가 다시 보는 책에 쓰여 있는 '대통령'이라는 단어가 낯설게 느껴졌다. 어렸을 적에는 '대장'으로 기억한다. 대통령과 대장이 다른 말이 아니지만 그 간극이 너무나도 멀게만 느껴졌기 때문이다. 대통령의 임기를 정하자는 말에 아이들은 의견을 말한다.

"1년이 좋겠어. 그 대신 재선을 허용하기로 해. 대통령이 모두에게 능력 있다고 인정받는다면 그것도 필요하다고 생각해."

이 책을 통해서 어렴풋이 민주주의에 대해서 알게 되었지만 당시 그의 어릴 적 정치현실은 그러하지 못했다. 동화와 현실의 괴리감이라고나 할까. 보통 그 괴리감은 비현실적인 동화 속 이야기와 대비되는 현실이었는데 오히려 그는 동화 속에서 현실을 배웠던 것이다. 아이들로부터 신망을 받았던 브리앙은 자신이 대장이 될 수 있었음에도 고든을 찬성한다. 자신이 대장이 되는 것을 시기한 드니팬의 의도를 간파했기 때문이다. 아이들이 역할을 분담하고 질서 있게 움직이는 장면들이 흥미진진했다. 다음 선거에서 브리앙이 선출되면서 갈등이 생기지만 소설 속 세계는 우리가 잘 알듯이 행복한 귀가이다. 이 책은 어린 시절 그에게 용기, 모험, 우정과 민주주의 원칙의 필요성을 가르쳐 준 교과서 같은 소설이었다.

사실 그가 가장 먼저 읽었던 모험소설은 〈걸리버 여행기〉였다. 풍자소설이라는 것은 나중에서야 알게 되었다. 그저 소인국, 대인국에서 걸리버가 겪었던 일상들과 그림들이 흥미 있었던 기억으로 남아 있다. 문학수첩에서 1992년 발행된 국내 최초 무삭제 완역판인 〈걸리

버 여행기〉를 우연히 서점에서 보고 구입했는데 그 이유는 책 뒤표지
에 쓰여 있는 단 한 줄의 광고문구 때문이다.

"걸리버 여행기는 동화가 아닙니다."

이 작품의 3,4부작인 '하늘을 나는 섬의 나라'와 '말들의 나라'는
우리의 암울한 정치사와 관련되어 완역 소개되지 못했다. 정치현실을
신랄하게 꼬집은 내용 때문이었다. 1925년 9월 29일 친구에게 보내는
작가 조나단 스위프트의 편지에는 이런 내용이 있다.

나는 이 여행기를 마무리하고 고치고 다시 쓰고 정서하는데 많은 시간을 보냈습니다. 새로 보탠 것과 함께 모두 네 부분으로 완결을 보았습니다. 세상이 이 작품을 받아들일 만한 자격을 갖추고 있기를 바랍니다. 하지만 그 무엇보다도 인쇄업자가 감옥에 갇히는 것을 각오할 용기를 갖게 되면 출간해볼 생각입니다.

이 소설은 약 15년 동안의 준비 기간이 있었고, 실제 집필에 집중한 시간만 따져도 5년 이상이 걸렸다. 집필한 순서도 소설에 나와 있는 것과는 다른데 소설에 직접 언급된 정치적 사건들은 주로 집필 기간 동안에 일어난 일들이다. 〈걸리버 여행기〉는 〈로빈슨 크루소〉와 함께 앤 여왕이 다스리던 시대의 가장 유명한 소설이다. 스위프트는 런던에서 소사이어티라는 이름의 정치적 문학 모임의 회원이었다. 이 책의 해설을 쓴 신현철 문학평론가의 말처럼 흥미로운 것은 "'신중하고 심오하고 암울한' 풍자인 〈걸리버 여행기〉의 잔인한 재치가 지워진 채 아동용 도서가 되는 과정에 놓인 아이러니."라는 사실이다. 이런 행위를 자행한 자들은 바로 비평가들이다. 비평가들은 어린이들에게 흥미가 있을 것이라고 생각되는 부분만을 남기고 나머지 내용들을 삭제하고 편집해 버렸다. 그가 어릴 때 읽었던 〈걸리버 여행기〉도 바로 그들이 행한 결과물인 것이다. 그 비평가들 덕분에 그의 어린 시절 상상력을 키울 수 있었다면 아이러니일 수도 있다. 친구들과 술래잡기를 하면서 그는 소인국의 걸리버가 되어서 숨으면 재미있겠다는 엉뚱한 상상을 하곤 했으니까 말이다.

신현철 문학평론가는 스위프트의 에세이 〈겸손한 제안〉을 권하면서 이를 인용했는데 그 표현은 잔인하기 이를 데 없었다.

그리하여 나는 겸손하게 제안합니다. 여기에 대하여 어떠한 반발이라도 일어나지 않기를 진정으로 바랍니다. 나와 안면이 있는 런던의 유식한 미국인 친구 한 명이 나에게 말하기를, 잘 길러진 건강한 어린아이는 한 살만 되면 찌거나, 튀기거나, 굽거나, 삶거나 간에 대단히 맛좋고 영양 많고 몸에 좋은 음식이라고 했습니다. 어린아이는 고기요리나 야채요리에 써도 좋을 것입니다. 따라서 나는 우리 모두 심각하게 보자고 겸손하게 제안합니다.

성직자이기도 한 작가가 '겸손한 제안'을 하게 된 이유가 그는 궁금해졌다. 이는 스위프트가 태어난 아일랜드의 식민지 현실을 역설적으로 반영한 것이다. 영국에게 점령을 당한 아일랜드인들은 모든 재산과 생계수단을 박탈당하고 비참한 빈곤상태로 살아가게 된다. 앤여왕이 죽은 후 스위프트는 자신이 지지하던 토리당이 실직하고 나자 영국 국교회 내에서 인정을 받을 수 없게 되자 런던을 떠나 더블린의 성 패트릭 성당에 봉직하게 된다. 그곳에서 스위프트는 영국의 침탈, 지주들의 횡포에 신음하는 아일랜드인들의 참상을 보게 된다. 〈겸손한 제안〉은 아일랜드의 참상을 해결하고 각성을 촉구하던 스위프트의 기대가 좌절되어 냉소에까지 이르렀음을 보여주는 작품이다.

이러한 내용은 조나단 스위프트가 쓴 에세이 〈책들의 전쟁〉에서 찾아 볼 수 있다. 〈책들의 전쟁〉은 그리스, 로마로 대표되는 고전학문과 현대의 자연과학, 문학, 철학 등이 서로 우열 논쟁을 벌인다는 설정을 소재로 쓴 작품이다. 성 제임스 왕립 도서관에 있는 장서들을 의인화시켜 그 책들이 전투를 한다는 우화형식의 풍자산문으로, 스위프트 특유의 문체가 돋보인 작품인데 2003년 '미래사'에서 나온 책은 절판되었고 현재는 출판사 '느낌있는 책'에서 출간되었다.

동화 속에서 발견한 모습은 현실보다 오히려 더 현실적일 수도, 더 냉혹할 수도 있다는 사실을 그가 머리가 크고 난 후에 깨달았다는 것이 다행인지 불행인지 모르겠다. 하지만 분명한 것은 이러한 모험소설을 통해서 그의 용기는 한 뼘 성장했다는 사실이다.

지혜와 논리를
키워준, 추리소설

그가 처음으로 접한 추리소설은 에드가 엘렌 포우의 〈검은 고양이〉
와 〈도둑맞은 편지〉, 〈모르그가의 살인 사건〉이었다. 〈모르그가의 살
인 사건〉은 추리소설의 효시로 파리 모르그 가에서 일어난 살인사건
을 탐정 뒤팽의 뛰어난 추리력으로 해결해 나가는 과정이 흥미로운
작품이다. 포우가 쓴 〈검은 고양이〉의 영향 때문인지 그는 한때 검은
고양이를 무서워한 적이 있었다. '검은 고양이 네로' 라는 노래조차 전
혀 귀엽게 느껴지지 않을 정도로 말이다. 포우의 다른 작품과 달리
〈도둑맞은 편지〉는 그에게 새로운 번뜩이는 깨달음을 알려 준 이야기
였고 무서운 이야기가 아니었다. 또한 홀짝 게임을 할 때나 비밀 물건
을 숨길 때 아주 유용한 정보를 알려준 책이기도 하다.

명탐정 뒤팽을 찾은 경감은 협박용 편지를 찾아달라고 의뢰를 한다. 분명 범인을 알고 있고 그 범인의 방을 샅샅이 수색해도 못 찾겠다는 것이다. 뒤팽은 찾기 쉬운 것과 어려운 것의 원리에 대해 설명한다. 샅샅이 다 뒤져봐도 없는 것은 너무도 손쉬운 곳에 숨겨두었기 때문이라는 것이다. 결국 뒤팽은 범인이 편지꽂이에 보란 듯이 꽂혀 있는 협박용 편지를 찾아낸다. 이 이야기에서 결과보다 중요한 것은 뒤팽이 그 편지를 어떻게 찾아낼 수 있었냐 하는 논리적 추론 과정이었다. 그 핵심은 상대방의 지적 수준과 추리자의 지적 수준을 일치시키는 것에 있었다. 뒤팽은 그 예를 홀짝 게임으로 설명한다.

"그 원리라는 것은 단지 상대방의 눈치를 살피는 것이었지. 즉, 처음에 어리석은 상대방이 이겼으니까 두 번째도 먼젓번 이긴 수를 쥘 것이란 말일세. 그런데 상대방이 영리한 아이일 때는 우선 이렇게 생각해 본다네. '내가 처음에 댄 수가 틀린 수이니 두 번째는 반드시 먼저와 같은 수를 쥘 거라고 일단 생각하겠지만, 약은 체하는 상대는 너무 단순하다고 생각하고 결국 첫 번째와 같은 수를 손에 쥘 거다.' 이런 원리라네. 그래서 그 아이에게 나는 다시 물었지. '네가 알고 있는 지적 수준과 상대방의 지적 수준을 일치시키기 위해서는 어떻게 하느냐'고 그랬더니 그 아이는 '상대방이 영리한가, 어리석은가, 착한 사람인가, 나쁜 사람인가? 또는 그 사람의 생각이 어떤가를 알고 싶으면 제 얼굴 표정을 그 아이 표정과 비슷하게 하여 제 마음속에 일어나는 생각이나 기분을 알아보는 것입니다.' 경감은 이렇게 일치시키지 못했고, 둘째로 상대방의 능력을 정확하게 재어 보지 못했기 때문에 실패하고 말았어. 가령 내가 무엇을 찾는다고 할 때, 나 같으면 여기에 감추었으리라 하는 지점에서 찾는다면 그것은 실패할 것이 뻔하지. 즉, 그들은 상대방을 너무 단순하게 생각하고 덤벼들었단 말일세."

뒤팽은 지도를 펼쳐 놓고 지명 찾기를 하는 놀이를 예로 들어서 설명하기도 한다. 지도 지명 찾기는 사람이 도시나 강의 이름을 부르면 다른 사람이 그것을 찾아내는 놀이이다. 이 놀이를 처음 하는 사람은 대게 제일 작은 글씨로 적힌 지명을 택하여 상대방을 괴롭히려 하지만 놀이에 익숙한 사람은 그와는 반대로 아주 커다란 글자의 이름을 부른다는 것이다. 오히려 큰 글자는 도리어 사람의 눈에 잘 띄지 않기 때문이다. 범인이 편지를 아주 눈에 잘 띄는 곳에 놓아두었는데도 오히려 찾는 사람의 눈에는 띄지 않는 결과가 되었던 것이다. 경감보다 영리한 범인은 경찰의 눈이 쏠리지 않을 곳, 즉 허술한 곳인 편지꽂이를 택했던 것이고 이를 알아차린 뒤팽은 결국 편지를 찾을 수 있었다. 뒤팽은 범인이 대담무쌍하고 세심한 잔꾀가 많은 사람이라는 것을 파악했다. 바로 상대방의 지적 수준과 추리자의 지적 수준을 일치시킨 것이다.

아서 고난 도일은 최초로 추리소설을 쓴 애드거 앨런 포우의 작품

에 관심이 많았다. 졸업 후 병원을 개업했지만 손님이 없어 생계를 유지하기 위해 소설을 썼다. 하지만 그의 작품을 받아주는 출판사가 없자 그는 평범한 소설이 아닌 추리소설에 도전하게 된다. 그래서 탄생한 작품이 〈명탐정 셜록 홈즈〉였다. 소설 속 홈즈의 친구인 '왓슨'이 바로 작가 자신의 모습이기도 하다. 아직까지도 〈셜록 홈즈〉는 많은 독자들에게 사랑을 받고 있는 캐릭터이기도 하다. 〈셜록 홈즈〉 이야기에서 아직도 그의 뇌리에 강하게 남는 것은 '얼룩 띠'였다. 계몽사 책의 그림조차 선명하게 기억될 정도로 공포에 떨기도 했었다. 하지만 그에게 가장 매력적인 탐정은 단연코 괴도 루팡이었다.

외눈안경과 지팡이, 깔끔한 모자와 망토차림의 신사, 바로 괴도 뤼팽의 모습이다. 그에게는 뤼팽보다 루팡이라는 이름이 익숙하고 친근하다. 뤼팽은 다른 추리소설의 형식과 달랐다. 다른 추리소설은 시간적 흐름을 따라가다 결론에 전혀 예상하지 못한 범인을 밝혀내는 방식이다. 그런데 뤼팽은 독자가 다 아는 범인이 붙잡히는 것으로 이야기가 시작된다는 점이 참신했다.

모리스 르블랑은 영국인 탐정인 셜록 홈즈에 대적할 만한 프랑스 영웅 이야기를 집필해 보라는 제안을 받는다. 결국 〈아르센 뤼팽, 체포되다〉라는 단편으로 성공을 거두게 된다. 형사나 탐정이 아닌 괴도를 주인공으로 내세운 점, 누구나 반하는 매력 있는 모습이라는 점이 독자들에게 다가갔을 것이다. 냉철한 홈즈와 달리 뤼팽은 인간적이고 감상적인 인격의 소유자였다. 괴도이면서도 살인은 금물이고 경찰을 도와 사건을 해결하기도 한 점도 독자들의 마음을 사로잡았다. 도둑질을 할 대상에게 미리 시기와 방법을 예고하고서 성공해내는 대담무쌍함이 있었고 주로 부유층만을 털며 가난한 사람들에게 나눠주는 의적이어서 임꺽정이나 홍길동이 연상되기도 했다. 운전기사에서 테너가수로, 마권업자에서 양가집 도련님으로, 마르세유의 떠돌이에서 러시아인 의사로 종횡무진하며 천의 얼굴을 가졌다는 아르센 뤼팽은 무술이나 변장술에도 뛰어난 능력이 있었다.

어릴 적 친구들 사이에서 이런 말들을 했었던 적이 있었다.

"셜록 홈스 하고 루팡하고 싸우면 누가 이길까?"

유치한 말들이었지만 실제로 소머즈와 육백만 불의 사나이, 원더우 먼과 슈퍼맨 등의 싸움이 아이들에게는 흥밋거리가 아닐 수 없었다. 실제로 이런 영웅들이 모두 나오는 영화까지 나오지 않았는가. 루팡 시리즈에서는 이런 독자들의 흥미를 충족시켜주었다.

〈셜록 홈스, 한 발 늦다〉에서 루팡은 천하의 명탐정 셜록 홈스의 시계를 슬쩍 훔치더니 다시 되돌려주며 놀리기도 한다. 화가 났을 테지만 전혀 감정을 드러내지 않고, 한마디도 내뱉지 않던 영국 신사 셜록 홈스가 마지막으로 한 말은 이러하다.

"맛소이다. 그는 분명 대단한 인물이오…이제 그 대단한 인물의 어깨 위에, 지금 내가 당신에게 내미는 이 손을 얹게 될 날이 반드시 올 것 이오. 드반 선생, 왠지 이 셜록 홈스와 아르센 뤼팽이 조만간 다시 맞붙게 될 것 같은 예감이 드는구려…하긴 이 세상은 우리 같은 두 인 물이 서로 마주치지 않기에는 너무 좁지 않겠소?"

홈즈와 뤼팽의 대결은 영국과 프랑스 사람들의 자존심 대결이기도 했다. 또한 탐정과 도둑의 대결이기도 해서 사람들의 관심을 끌만했다. 모리스 르블랑은 〈기암성〉이라는 작품에서도 홈즈를 등장시킨다. 모든 범죄자를 잡는 명탐정인 홈즈와 경찰을 농락하면서 대담하게 범죄를 예고하고 이를 실행하는 뤼팽은 창과 방패와 같은 존재라고 할 수 있다. 코난 도일이 자신의 캐릭터를 함부로 쓰지 말라고 항의를 하자 셜록 홈즈(Sherlock Holmes)를 헐록 숌즈(Herlock Sholmes)로 철자를 바꾸기도 하는 익살스러움을 보여주기도 했다. 홈즈와 뤼팽의 싸움은 팬들 사이에서도 양쪽으로 갈라져 부딪힐 수밖에 없었다. 결국 두 작가는 한 번도 얼굴을 마주 하지 못하고 화해하지 못한 채 세상을 떴다.

우리 풀,
꽃, 나무

그는 총천연색 식물도감을 보고 자란 세대는 아니지만 조카를 위해 선물한 책들이 바로 식물도감들이다. 당시에는 '우리가 정말 알아야 할 00' 시리즈들이 많이 나왔었다. 가장 처음에 나온 책이 아마 〈우리 꽃 백가지〉로 기억된다. 꽃뿐만 아니라 나무, 나비, 새, 물고기 등의 우리의 동식물도 나왔고 옛이야기, 신화 등도 있었다.

〈우리 꽃 백가지〉, 〈우리 나무 백가지〉는 그가 아직도 버리지 못하는 책 중의 하나이다. 1990년 1권이 나오고 1999년 3권까지 완간된 〈우리 꽃 백가지〉는 무엇보다 생생한 컬러 사진들 때문에 가까이에 있는 꽃들과 비교해 볼 수 있는 점이 좋았다. 구분하기 어려운 꽃들은 꽃모양뿐만 아니라 잎이나 가지의 모양 등으로 구분할 수 있어서 가족여행이나 가까운 곳으로 나들이를 갈 때 그가 항상 챙겼던 책이기도 했다.

김태정 한국야생화연구소 소장은 우리의 야생화들이 점차 잊혀 가는 것이 안타까워 이 책을 펴냈다. 야생화를 떠올리면 김태정이라는 이름이 나올 정도로 전국 방방곡곡을 찾아다니고 연구한 시간만 40여 년이 넘는다. 전문가들의 입에만 오르내리던 야생화를 대중적으로 널리 알렸고 우리 야생화 관련 책만도 60여 권이 넘는다. 김태정 소장은 독학만으로 야생화 분야의 전문가가 되었다.

"우리 꽃은 작지만 활짝 핀 모습이 예쁘고 향도 그윽해요. 오순도순 피어나는 모습도 보기 좋죠. 우리 민족과 꼭 닮았습니다."

어느 신문에서 우리 야생화의 매력을 묻자 김태정 소장이 대답한 말이다. 김태정 소장은 아직도 처음 만나는 꽃들을 만나면 설레고 우리 꽃을 보고 있으면 마냥 행복하다고 한다. 우리 땅의 식물들을 우리 학자들이 기록하기 시작한 지는 1950년대부터이다. 이전에는 주로 일본 학자들이 찾아 기록했는데 우리를 위해 조사한 것이 아니기 때문에 이들이 발표한 식물도감 류에는 서식 지명이 빠져 있는 경우가 많다. 우리 땅에 자라는 식물들은 남북한 합쳐 약 4,500여 종이다. 외국에서 들어온 것 등도 2천여 종이 넘는 것으로 추정된다고 한다. 풀과 나무 모두 합쳐서 약 6천여 종이 자라고 있으며 이중 70퍼센트는 남쪽에서 자라고 나머지 약 30퍼센트 정도는 북한지방에서 자란다고 김태정 소장은 밝히고 있다.

이른 봄날 주변에서 수줍게 고개를 떨군 보랏빛 제비꽃을 본 적이 있는가? 토끼풀로 꽃반지를 만들어서 놀기도 했지만 제비꽃으로 만들면 신비한 보랏빛 반지가 진짜 보석 같다. 흔히 보아왔던 제비꽃은 보랏빛이 대표적이었다. 그런데 우리나라에서 자라고 있는 제비꽃은 여러 가지가 있다. 흰색과 보라색이 섞여 피는 졸망제비꽃도 있고 노란색의 큰노랑제비꽃과 노랑털제비꽃도 있다. 제비꽃의 종류만 이렇게 많은지 그는 책을 통해서 알 수 있었다. 꽃 모양이 씨름할 때의 자세와 같아서 씨름꽃 혹은 장수꽃, 어린 잎은 나물로 먹기에 외나물이라고도 부른다. 또 이른 봄 갓 부화된 병아리의 앙증맞은 모습 때문에 병아리꽃이라 부르기도 한다. 어릴 때는 오랑캐꽃이라고도 불렀는데 이 꽃이 필 때 북쪽의 오랑캐 무리들이 쳐들어왔다 하여 붙여진 이름이라고 한다. 제비꽃에 얽힌 전설도 있다.

아폴로는 이오라는 아름다운 소녀와 양치기 소년 아치스의 사랑을 매우 질투해 이아를 꽃으로 만들어 버렸는데 이 꽃이 바로 제비꽃이라고 한다. 또 주피터가 이아를 좋아한다는 것을 안 주피터의 아내가 이아를 소로 만들어 버렸다는 이야기도 있다. 한편으로는 소가 된 이아를 가엽게 여긴 주피터의 아내가 소가 먹을 풀을 만들었는데 그것이 바로 제비꽃이라 한다. 제비꽃을 그리스말로 이오라 하는 것도 이 때문이라 한다.

뭐니뭐니 해도 봄날 흔하게 볼 수 있는 봄꽃으로는 민들레가 있다. 한때 외래식물의 위협에 관한 책들을 읽은 적이 있었다. 그래서 그가 어릴 적 민들레를 볼 때마다 토종민들레와 서양민들레를 구분하기 위해 민들레 꽃받침을 확인해 보기도 했었다. 또 풀잎의 숫자만큼 꽃대가 올라온다는 것을 알고 일일이 풀잎과 꽃대를 세어보기도 했다. 민들레 씨앗을 후 불면서 바람을 타고 하늘 높이 올라가는 모습에 즐거워했던 기억도 난다. 씨앗이 멀리까지 날아갈 수 있는 이유는 낙하산의 원리다. 동네 들판에는 노란색 민들레가 흔하게 많았지만 도심에서 떨어진 곳에서 만난 흰민들레도 드물게 보았다.

달맞이꽃은 그가 가족들과의 여름휴가에서 알게 된 꽃이다. 길옆에 흔하게 핀 꽃들이지만 낮에는 활짝 핀 모습을 보기 어렵다. 해가 없는 밤에나 활짝 피어나는 꽃은 이름처럼 달맞이꽃이다. 아침에 햇살이 비치면 곧 오므라든다는 이 꽃이 신기하면서도 슬프게 느껴졌다. 그래서 월견초(月見草), 야래향(夜來香)이라는 이름도 있다. 달맞이꽃은 태양을 숭배하며 살아가는 인디언 소녀 로즈의 슬픈 전설이 있다. 로즈는 낮보다 밤을 좋아했고 태양보다는 달을 좋아했다. 태양을 숭배하는 마을에서 로즈의 이런 행동들을 좋아할 리 없었다. 결국 로즈는 사랑하는 추장의 아들로부터 버림받고 마을에서 쫓겨나고 만다. 나중에 추장의 아들이 골짜기를 찾았으나 희미한 달빛에 비친 한 송이 꽃을 보았을 뿐이었다. 이 꽃이 바로 달맞이꽃인데 로즈가 사랑을 시작한 지 2년 만에 죽었듯이 달맞이꽃도 2년을 살고 죽는다고 한다.

그가 어릴 적 살고 있는 뒷산에는 자작나무가 몇 그루 심어져 있었다. 친구들은 신기해하면서 껍질을 뜯어내곤 했다. 그 또한 자작나무를 볼 때마다 껍질을 뜯어내야 나무가 편할 것이라는 생각을 했다. 소나무 같은 경우는 거북이 등껍질이 나무 몸통을 감싸고 있는데 비해서 자작나무는 얇아서 벗기기가 수월했다. 마치 죽은 피부인 각질을 벗겨내야 새살이 빨리 돋는 우리의 피부처럼 말이다. 지금도 새하얀 수피를 뒤집어 쓴 자작나무를 볼 때마다 살이 아리다는 느낌이 드는 것은 그때 껍질을 벗겼던 기억 때문일 것이다.

'보티나무에 살고 보티나무에 죽는다' 라는 말이 있는데 보티나무가 바로 자작나무를 말한다. 〈우리나무 백가지〉는 식물학적인 분류체계를 따르지 않고 나무를 우리 생활과 쉽게 연결 지어서 나눈 점이 신선했다. 결혼을 한다는 의미인 '화촉을 밝힌다' 라는 관용어는 초와 관계가 있다. 예전에는 초도 없어서 불이 잘 붙는 자작나무 껍질에 불을 붙여 사용했다고 한다.

자작나무가 숲을 이루는 곳에 살고 있는 북부지방 사람들은 자작나무 껍질로 덮은 지붕 아래 태어나서 이 나무로 불을 지펴 밥을 해먹고, 죽어서는 시신이 자작나무 껍질에 싸여 저승으로 간다. 태어나서 죽을 때까지 자작나무와 함께 하는 삶을 살아가는 것이다.

산골집은 대들보도 기둥도 문살도 자작나무다
밤이면 캥캥 여우가 우는 산도 자작나무다
그 맛있는 메밀국수를 삶는 장작도 자작나무다
그리고 감로같이 단샘이 솟는 박우물도 자작나무다
산 너머는 평안도 땅도 보인다는 이 산골은 온통 자작나무다

백석 시인은 〈백화(白樺)〉에서 함경도 사람들의 생활 깊숙이 박혀 있는 자작나무를 이렇게 묘사했다. 이곳 산 너머로는 시인의 고향인 평안도까지 보인다고 한다. 너와집도 대개 자작나무 껍질로 지붕을 잇기도 하는데 기름기가 많아 잘 썩지 않기 때문이라고 한다. 불이 잘 붙는 것도 이 기름기 때문인데 나무가 탈 때 자작자작 소리가 나서 자작나무라는 이름을 붙였다. 자작나무를 보면 그는 자작나무보다 재잘재잘 소리가 들리는 듯하다. 작은 바람에 나무잎이 흔들리는 모습 때문이다. 그래서 김훈은 〈자전거 여행〉에서 자작나무숲이 흔들리는 모습을 잘 웃는 젊은 여자와 같다고 표현했을까. 또 충치예방에 좋다는

자일리톨은 자작나무에서 추출한다.

사람들은 종이처럼 얇게 벗겨지는 나무껍질을 글씨나 그림을 그릴 때 많이 이용했다. 이 껍질에 부처님의 모습을 그리거나 불경을 적었다는 기록도 있다고 하는데 해인사 팔만대장경의 일부가 자작나무이고 도산서원의 목판재료 역시 자작나무다. 경주 천마총의 그림도 자작나무 껍질에 그렸다. 단단하고 조직이 치밀하여 벌레가 잘 안 생기고 오래도록 변질이 되지 않기 때문이다. 뜯어낸 수피를 지혜롭게 활용한 것이다.

주변에 흔히 보아왔던 흔한 풀이나 꽃, 나무에도 다 이름이 있다. 어릴 적 보았던 식물도감은 그의 자연 선생님이었고 친구였다.

프랑스 마르셀 프루스트가 쓴 〈잃어버린 시간을 찾아서〉에서 주인공은 우연히 홍차에 적신 마들렌 과자의 냄새를 맡고 어린 시절에 대한 기억을 회상한다. 냄새를 통해 과거를 기억해 내는 것을 '프루스트 현상'이라고 말하는데 작가의 이런 예민한 감각이 결국 과학적으로 증명되었다. 냄새와 기억은 뇌 측두엽 안쪽에 있는 편도체와 연관이 있다. 작은 아몬드처럼 생긴 편도체는 단순한 기억만이 아닌 정서와 함께 저장되기 때문이라고 한다. 후각이 인간의 기억을 되살리는 데 도움이 되기도 하지만 사실 인간의 기억에 큰 영향을 주는 감각은 주로 시각이다. 책은 더 그러하다. 헌책에서 나는 퀴퀴한 냄새만으로 과거에 읽은 책을 기억하는 데에는 한계가 있기 때문에 시각적 요소가 많은 도움이 된다. 그가 기억하는 삼중당문고의 누런 표지, 계몽사의 빨간 표지가 그러하다.

헌책방 사이트를 뒤지다가 우연히 발견한 책이 마들렌 과자의 냄새처럼 우연히 그의 어린 시절을 떠올렸다. 은은한 옥빛 장판 같은 촌스런 겉표지, 책등에 베이지색 테두리를 두른 책은 〈소년소녀 이야기 한국사〉였다. 그가 역사책을 처음으로 보게 된 것은 삼성당에서 나온 18권짜리 전집이었고, 더 읽을 것이 없어서 펼친 책도 이 책이었다.

역사책은 재미없을 것이라는 그의 예상은 빗나갔다. 고조선의 단군, 부여의 금와왕, 해모수와 유화부인 등의 이야기는 흥미진진했다. 옛이야기처럼 구성되어 있었기 때문에 그저 재미있는 동화를 읽는 기분이었다. 역사를 바라보는 눈 따위는 알지도 못했던 그였지만 이 책을 통해 처음으로 역사에 눈을 뜨게 된 셈이다.

책 뒤에 연표도 실려 있었는데 나라 안과 밖의 사정들을 알기 쉽게 정리해 두었다. 당시 그가 이 책을 읽을 때는 연표에는 관심도 두지 않고 내용만 좇아가는 식이었다. 나무만 보고 숲을 보지 못했던 것이다. 나중에서야 연표가 다시 보이기 시작했을 때, 숲을 볼 수 있는 안목이 생겼지만 그 후로 이 책은 더 이상 그의 관심거리가 아니었다. 그때가 중학교에 들어갈 즈음이었고 이후 중고등학생 시기에는 교과서 외의 역사책을 본 기억은 없다. 유년 시절과 청소년 시절을 유일하게 역사책 한 질 정도만 읽은 것이 그는 부끄럽다. 그 부끄러운 과거의 기억을 떠올리게 해 준 책도 바로 〈소년소녀 이야기 한국사〉이다.

이 책의 첫 장은 '단군할아버지'로 시작되고 첫 꼭지는 '아침의 나라'이다.

> 높은 산, 넓은 들, 산은 푸른 나무로 뒤덮이고, 갖가지 아름다운 꽃들이 봄부터 여름, 가을까지 앞을 다투어 핍니다……이 눈부시게 내려비치는 이 평화스러운 산과 들에는 여기저기 사람들이 마을을 이루고 살았읍니다. 사람들은 착하고 어질어, 싸움을 하지 않고 서로 돕고 믿으며 살아가는 것이었읍니다.

사계절이 있는, 푸른 나무와 옥 같은 맑은 계곡물이 흐르고 새들이 지저귀는 곳이다. 이 책은 동물들과 사람들을 두려워하지 않고 평화롭게 살았다는 이야기로 시작된다. 얼마나 아름다운 이야기인가. 핑계를 대자면 그가 현실이나 역사에 대한 인식이 낭만적인 이유는 아마도 이런 책들의 영향일 수도 있다.

같은 시기 계몽사에서도 〈소년소녀 한국사 이야기〉가 나왔다. 그는 자신의 책보다도 친구의 이 책이 더 탐이 났던 이유는 옥빛 장판이 아닌 벽돌색 표지였기 때문이리라. 그런데 만약 벽돌색의 계몽사 역사책이 있었더라면 그의 기억이 지금처럼 물밀듯이 들어올까 하는 의문이 든다. 다른 책들과 다른 촌스러움 때문에 기억하는 것인지도 모르기 때문이다.

그러나 이에 비해 위인전에 대한 시각적 기억은 특별하지 않다. 이

순신 장군의 전투장면이나 인자한 세종대왕의 모습은 어릴 적 위인전에서 본 것인지 이후 교과서에서 본 것인지 실상 구분이 가지 않는다. 그에게 있어 위인전에 대한 추억은 특별하지 않다. 위대한 왕과 장군들의 업적을 다룬 이야기들이었기에 재미가 없기 때문이다. 천편일률적으로 위인들은 어린 시절부터 비범했고 예의를 갖춘 인물들이었다. 위인전의 주제는 애국심, 충성심, 효심을 고취시키는 내용이었기에 처음 몇 편을 읽다 곧 흥미를 잃어 버렸다.

당시 군사독재정권 시기에서 어린이 위인전의 구성이나 내용도 그 시대상황이 작용했음은 물론이다. 그래도 그는 어릴 적 가장 존경하는 인물을 적으라고 하면 늘 세종대왕이었고 외국 사람은 늘 헬렌 켈러였다. 그가 읽었던 위인들이 참으로 훌륭한 사람들임을 부인하는 것은 아니다. 그러나 당시 또래들이 알았던 위인들은 다 비슷비슷했다. 혹시 그가 끈기 있게 위인들의 전기들을 조금만 더 찬찬히 살피고 본받고자 노력했더라면 다른 삶을 살았을지도 모르겠다.

요즘 어린이 위인전을 보면 참으로 세상이 달라졌음을 느낀다. 전봉준, 전태일, 제인 구달. 비틀즈 등 다양한 인물들을 소개하고 있다. 심지어 과거의 위인들만이 대상이 아닌 몇 년 전 생을 마감한 애플 창업자 스티브 잡스, 올림픽 피겨스케이팅 금메달리스트 김연아 등 나이나 직업을 뛰어넘고 있다. 그동안 위인이란 오래 전 생을 마감한 사람이라는 낡은 사고방식을 가지게 된 이유도 어린 시절 읽은 역사책과 중고등학생 시절의 교과서 영향일 것이다.

그는 제4차 교육과정으로 학창시절을 보냈다. 그때의 역사교과서
는 '국사'와 '세계사'로 나뉘어 있었다. 1981년 군사독재정권은 정
권의 정당성 확보차원에서 전반적인 교육개혁을 시도해 1982년에는
제4차 교육과정에 따라 국사 교과서 개정이 이뤄졌다. 그때의 교과서
는 현대사 내용을 보강하기 위해 교과서를 2권으로 분리했다. 역사발
전 과정을 우리 민족의 입장에서 살피고, '시련과 극복' 중심의 근현
대사 교육이 강화됐다. 그러나 민중들의 능동적인 입장이 아닌 '외세
의 침략으로 인해 초래된 시련'과 '지배층이 주도하는 극복'만을 강
조하였다. 이는 반공체제와 독재체제의 정당성을 강화하려고 했다는
비판을 피하지 못했다.

국가교육과정의 핵심은 계획된 교육과정이라는 데 있다. 지난 교육
과정은 국가에서 계획된 일방적인 것이었지만 현재 제7차 교육과정
은 과거 군사독재시절의 권위주의적 교육에서 탈피해 창의성과 자발
성을 살린 열린 교육을 지향한다는 것에 핵심이 있다. 그런데 몇 년
전부터 역사교과서 문제 때문에 논란이 많았다. 그 논란의 핵심은 근
현대사 부분이다. 그런데 최근 교육부가 2018학년도부터 한국사 교과
서 중 근현대사 분량을 대폭 줄이기로 결정하면서 논란은 재점화되었
다. 교육부는 지난 2007년 개정 때 별도 선택과목으로 있던 '근현대
사'가 '국사'와 1대1로 통합되면서 상대적으로 짧은 시기를 다룬 근
현대사 부분이 과도하게 많이 들어갔기 때문이라고 밝혔다. 그러나

역사학자들은 교육부가 최근 논란이 됐던 근현대사 부분을 줄이는 등 이미 과거의 국정 교과서로 회귀 수순을 밟고 있다며 반발하고 있다.

2014년 11월 9일 발표된 교육부의 역사 교육과정 시안 개발계획에 따르면 문·이과 통합형 교육과정 개정에 따라 2018학년도부터 적용되는 한국사 교과서에서 전근대사와 근현대사의 분량 비중이 7대 3으로 조정된다. 이는 2009 개정 교육과정에 따라 개발돼 보급된 고교 '한국사' 교과서에서 50%인 근현대사 분량을 30%로 줄이겠다는 뜻이다. 논란이 많은 부분을 교육부가 일방적으로 분량축소로 결정한 것에 그는 씁쓸하다. '영토를 잃은 민족은 다시 일어설 수 있어도 역사를 잃은 민족은 미래가 없다'고 강조한 단재 신채호가 생각나는 아침이다.

지식의 보물창고,
백과사전

이제는 종이로 된 사전은 퇴물이 되었다. 모르는 낱말이 나오면 인
터넷을 뒤져보면 되는 최첨단의 시대가 되었지만 그는 아직도 국어사
전이나 한자사전을 버리지 못하고 있다. 책장 정리를 할 때마다 다른
책들과 크기가 맞지 않아 늘 버릴까말까를 망설이는 책 중의 하나가
바로 사전이다. 오랜만에 먼지가 뽀얗게 앉은 국어사전들을 꺼내 보
았다. 두꺼운 사전 사이에서 누렇게 바랜 은행잎이 끼워져 있었다. 언
제 이 책갈피에 넣은 것인지, 친구가 준 것인지 모르지만 어릴 적 그
에게 가을의 나뭇잎도 놀이 중의 하나였다.

가장 재미있었던 놀이는 단풍나무 씨앗 날리기였다. 씨앗을 위로
던지면 빙그르르 아래로 내려오는 모양이 꼭 바람개비 같았다. 단풍

나무 씨앗 모양을 본떠서 헬리콥터의 날개를 발명하게 되었다는 사실도 백과사전을 통해 알게 되었다. 사전을 펴고 첫장을 열었다.

"가갸거겨고교구규그기ㄲ"

어릴 적 사전을 찾을 때마다 입버릇처럼 소리 내어 말하며 찾았던 자음과 모음들이 왠지 정감이 있다. 그는 도서관에서 책을 찾을 때에도 이렇게 혼잣말을 하면서 찾는 습관을 버리지 못하고 있다. 마치 글씨를 처음 배울 때의 아이마냥 설레기도 한다.

얼마 전 헌책방 나들이에서 묶음으로 쌓여 있는 백과사전을 발견한 후 본가에 전화를 했다.

"혹시 집에 아직도 백과사전 있어요? 버리지 않았지?"

"그럼, 제발 좀 가져가라. 버릴까 하다가 놔두었다. 저 두껍고 무거운 걸 어찌 처치하나 했어."

그의 추억 속의 백과사전은 계몽사에서 나온 〈컬러학습대백과사전〉이었다. 육각형의 벌집모양에 각종 사진이 채워져 있는 하드커버 박스 그림은 또렷이 기억난다. 겉표지에는 각종 추상적인 도안이 그려져 있었다. 이 백과사전에 '이 책을 쓰는 법'에 소개된 글을 보면 이렇다.

우리 나라 최초로 차례를 그림으로 나타냈습니다. 사전찾기에 익숙하지 못한 아동들이 찾아보고 싶은 항목을 스스로 찾아볼 수 있게 하였고 학습하려는 의욕이 스스로 솟구치도록 하였습니다.

그 스스로 학습의욕이 솟구쳐 백과사전을 본 기억은 잘 모르겠으나 호기심 때문에 백과사전을 들여다 본 적은 많다. 당시 동화책 말고 꽃, 나무, 곤충 등에 대해서 자세하게 설명하고 있는 책은 백과사전이 유일했으니까 말이다. 또래 아이들 중에서 이런 이름들을 잘 아는 아이는 친구들로부터 무언의 존경을 받기도 했다. 아이들이 자신이 아는 것을 자신 있게 말할 때는 이런 말을 쓸 때였다.

"우리 엄마가 그러는데, 우리 아빠가 그러는데…."

하지만 무엇보다도 가장 잘난 척할 수 있는 말은 무엇보다 "백과사전에서 봤는데…."였다. 그만큼 백과사전은 무한한 신뢰를 받는 존재였던 셈이다. 학교숙제를 할 때도 백과사전의 도움을 많이 받았다.

당시에 〈동아전과〉라는 참고서도 유용하게 사용되었다. 여러 교과서의 학습내용을 묶어놓은 것이라 가격이 싼 편은 아니었지만 그는 공부도 하지 않으면서 전과타령을 그렇게 했었다. 학교에서 조사하기 숙제가 있으면 전과의 내용을 거의 베껴 쓰곤 했는데 다른 친구들보다는 확실히 차별성이 있었다.

그의 집에 지금 있는 것은 태극출판사에서 나온 〈대세계백과사전〉이다. 어릴 적 본 학습백과사전을 팔면서 돈을 조금 더 보태서 이것을 들여왔던 것으로 그는 기억한다. 그의 허락 없이 책을 넘긴 것에 대해 조금 투정을 부린 것도 같다. 학년이 높아지면서 〈컬러학습대백과사전〉에 대한 흥미가 떨어졌는데도 그랬다. 새로운 백과사전은 안타깝게도 그의 사랑을 많이 받지 못했다.

16권으로 된 〈대세계백과사전〉은 가나다순 방식이 아니라 정치, 역사, 문학, 과학 등의 항목으로 배열되어 있는 것이 특징이다. 대부분이 흑백으로 되어 있고 드문드문 칼라사진이 있는 이 책을 좋아할 리는 없었다. 그런데 그의 눈을 확 끌어 잡는 칼라사진이 있었으니 그것은 바로 달 위에 선 인간의 모습이다. 그것은 바로 인류 최초로 달을 밟은 닐 암스트롱 다음으로 달을 밟은 에드윈 올드린의 모습이었다.

1969년 7월 21일 아폴로 11호에 의해 달 위에 서 있는 올드린. 월면에 발자국이 뚜렷이 생겼고, 사람의 그림자는 지구에서보다도 한결

뚜렷하다. 우주복의 얼굴 부분에 착륙선이 비쳐진 것이 보인다. 인간이 만든 이 발자국이 앞으로 얼마나 오랫동안 남아 있을지는 누구도 모른다. 사람 뒤에 수많은 작은 크레이터가 보인다.

인간이 달에 처음으로 착륙했을 때의 장면을 생중계로 보지는 못했으나 그들이 남긴 발자국은 아직까지도 늘 그의 궁금증의 대상이기도 하다. 인간이 달에 남긴 발자국은 아직도 그 모습을 그대로 간직하고 있다고 한다. 달에는 공기가 없어서 바람이 불지 않기 때문이다. 어릴 적 그가 백과사전에서 본 달 위에 서있는 인간은 에드윈 올드린이었지만 그의 기억 속에는 닐 암스트롱으로 생각했다. 하지만 다행이라는 생각도 든다. 사령선을 지키는 임무를 맡느라고 달을 밟지 못한 마이클 콜린스에 대해서도 관심을 기울이게 되었으니까 말이다.

"나는 지금 혼자다. 정말로 혼자다. 나는 지구의 모든 생명체로부터 완전히 떨어져 있다. 이 달 뒤편에는 나 혼자밖에 없다. 달의 저편에는 30억 하고도 두 명이 더 있겠지만, 이곳에 무엇이 있는지는 오직 신과 나만이 안다."

최초로 달을 착륙한 닐 암스트롱의 모습을 지켜본 사람은 마이클 콜린스였고, 백과사전에서 본 에드윈 올드린의 우주복 얼굴에 비친, 착륙선에 앉아있는 사람도 마이클 콜린스였던 것이다. 이것을 나중에 알게 되었을 때 최초로 달을 밟은 닐 암스트롱 사진이 아니었다고 아쉬워했던 그 스스로가 부끄럽기도 했다.

백과사전은 그가 알지 못했던 신비로운 세계들을 안내해주는 지침서나 다름없었다. 하지만 그는 지금 무거운 백과사전을 어디에 쌓아둘까 고민하고 있다.

구텐베르크의 인쇄기는 수천 년 전통의 필사업을 단 20년 만에 문닫게 했다. 최초의 온라인 사전인 '인카르타'는 1786년 창간된 '브리태니커 백과사전'을 단 4년 만에 퇴출시켰다.

리처드 오글의 〈스마트 월드〉에 나온 글이다. 퇴물이 되어버린 사전들을 다시 구석 책장에 밀어 넣으면서 그는 바닥에 떨어진 바랜 은행잎들을 바라보았다. 다시 사전 속에 집어넣으려 손을 대자 낡은 잎들은 부서져 버렸다. 그는 슬프지 않았다. 이미 오랜 세월 동안 이 갈피 안에 잠시나마 온전한 모습으로 있어준 것 자체로도 고마운 존재이지 않는가. 낡은 추억의 잎들은 부서지고 사라져도 그의 마음속에 자리 잡고 있는 어릴 적 추억들은 흑백사진처럼 남아있을 터이니.

꿈꾸다 날다,
우리창작동화

생일이나 크리스마스보다 좋았던 날이 어린이날이었다. '어린이를 위한 날' 이라는 이유만으로 그저 좋았다. 학교에 가지 않아도 되고 숙제도 없었으며 마냥 놀아도 되는 날이었기 때문이다. 어린이날이면 마침 5월의 좋은 날이라서 그는 가족과 함께 창경궁이나 어린이대공원 등을 가기도 했다. 어린이 대공원에서 미아가 될 뻔한 경험도 있지만 말이다.

이런 어린이날마다 생각나는 사람, 바로 방정환이다. 어린이 운동의 선구자이기도 한 방정환은 〈어린이〉 잡지를 창간해 어린이문학에 기여한 사람이기도 하다.

새와 같이 꽃과 같이 앵도 같은 어린 입술로, 천진난만하게 부르는 노래, 그것은 고대로 자연의 소리이며, 고대로 하늘의 소리입니다. 비둘기와 같이 토끼와 같이 부드러운 머리를 바람에 날리면서 뛰노는 모양 고대로가 자연의 자태이고 고대로가 하늘의 그림자입니다. 거기에는 어른들과 같은 욕심도 있지 아니하고 욕심스런 계획도 있지 아니합니다.

죄없고 허물없는 평화롭고 자유로운 하늘나라! 그것은 우리의 어린이의 나라입니다. 우리는 어느때까지든지 이 하늘나라를 더럽히지 말아야 할 것이며, 이 세상에 사는 사람사람이 모두, 이 깨끗한 나라에서 살게 되도록 우리의 나라를 넓혀가야 할 것입니다. 이 두 가지 일을 위하는 생각에서 넘쳐 나오는 모든 깨끗한 것을 거두어 모아 내는 것이 이 〈어린이〉입니다.

현암사에서 나온 〈한국잡지백년 2〉에 나와 있는 내용의 일부이다. 이런 어린이날을 만든 사람이 쓴 책은 무조건 재미있을 것 같아서 읽은 동화책이 〈양초 도깨비〉, 〈만년 샤츠〉, 〈벚꽃 이야기〉 등이었다. 삼각산에 놀러가서 친구들의 함께 죽어 벚꽃이 된다는 〈벚꽃 이야기〉는 애잔했지만 〈양초 도깨비〉는 재미있는 동화였다. 양초가 무엇에 쓰이는지 몰라 소동을 벌인 사람들 이야기는 만화 같기도 했다. 〈만년 샤츠〉 창남이의 씩씩하고 밝은 모습도 재미있게 읽었다.

가난한 형편인 창남이는 교복 안에 셔츠를 입을 수 없었다. 그렇게 씩씩했던 창남이의 얼굴은 체육시간에 푹 수그러지면서 빨개진다. 선생님의 명령에도 창남이만 교복을 벗지 않았다. 윗옷을 왜 벗지 않느냐는 선생님의 물음에 창남이는 이렇게 대답한다.

"선생님, 만년 샤쓰도 좋습니까?"

만년 샤쓰는 맨몸을 말하는 거였다. 창남이의 성은 한가였지만 당시의 유명한 비행기 조종사인 안창남과 이름이 같다고 해서 붙여진 '비행가'라는 별명은 이때부터 '만년 샤쓰'가 된다. 해진 구두를 헝겊으로 싸매고 새끼줄로 감아 고쳐 신으면서 이십 리나 되는 거리를 오느냐고 가끔 지각을 했던 창남이였다. 양복바지가 해어져서 궁둥이에 조각조각을 붙이고 다니면서도 늘 밝은 모습의 창남이를 보면서 당시의 가난을 절감할 수 있었다. 어느 날 창남이는 위는 양복저고리에 아래는 조선 바지, 맨발에 짚신을 입은 모습으로 학교에 나타나자 친구들은 모두 웃는다. 그나마 얼마 전까지 있었던 해진 구두와 바지마저도 없어졌기 때문이다. 그 사연을 들어 보았더니 동네에 불이 나서 사람들에게 나누어줬다는 것이다. 그나마 입고 있던 것까지 어머니에게 주는 거짓말쟁이가 되었다고 고개를 숙이는 창남이를 보고 선생님은 이렇게 묻는다.

"그러나 네가 거짓말을 하더라도 어머니께서 너의 벌거벗은 가슴과 버선 없이 맨발로 짚신을 신을 것을 보시고 아실 것이 아니냐?"

'아아, 선생님 ⋯'

하는 창남이의 소리는 우는 소리같이 떨렸다. 그리고 그의 수그린 얼굴에서 눈물방울이 뚝뚝 그의 짚신 코에 떨어졌다.

"저희 어머니는 제가 여덟 살이 되던 해에 눈이 머셔서 보자를 못하고 사신답니다."

샤쓰는 셔츠를 말하는 것인데 일제 강점기 때의 언어를 그대로 살려서 썼다. 이 말은 그가 어렸을 때도 익숙하게 들었던 말이다. 가난했던 우리 부모 세대의 아픔이 느껴지면서도 창남이의 착한 마음씨에 감동받은 동화이기도 했다.

사진이란 추억의 한순간일 뿐. 우리는 꿈을 꾸면서 그 추억들을 꺼낼 수 있다. 그러나 꿈에 보려고 애를 써도 뜻대로 안 되는 경우도 있다. 그런 의미에서 〈꿈을 찍는 사진관〉은 제목이 주는 호기심 때문에 아직도 기억에 남는 동화이다.

이 책을 읽으면서 주인공이 본 간판인 '꿈을 찍는 사진관으로 가는 길. 동쪽으로 5리' 라는 문구가 무슨 보물을 찾는 느낌이 들었다. 남쪽으로 5리, 서쪽으로 5리 등 그 거리가 점점 멀어질수록 호기심은 배가 되었다. 도대체 그곳에 무엇이 있을까. 주인공이 표지판을 따라가자 정말로 꿈을 찍는 사진관이 있었다. 주인공이 꿈을 꾸기만 하면 그 꿈은 곧 사진기 렌즈에 비쳐 찍힌다는 설정이 독특했다. 사진관 주인이 오랫동안 고심을 했다고 하는 꿈을 꾸는 방법은 이러했다.

당신이 있는 방 한구석에 종이 한 장과 만년필 한 개가 놓여 있습니다. 당신은 그 종이에 그 파란 잉크로 당신이 만나고 싶은 이와의 지난날의 추억의 한 토막을 써서, 그걸 가슴속에 넣고 오늘 밤을 주무십시오.

그러면 다음날 자신이 꾼 꿈과 꼭 같은 사진을 가지고 돌아갈 수 있다고 한다. 주인공이 종이에 쓴 내용은 어릴 적 고향 친구인 순이를 만나고 싶다는 내용이다. 순이는 삼팔선 때문에 갈 수 없는 고향인 북한에 있는 친구였다. 주인공은 자신의 꿈대로 순이와 고향에서 놀던 사진을 받아볼 수 있었다. 그런데 주인공이 받은 사진은 열두 살 그대로였지만 자신의 모습은 스무 살인 지금의 모습이었다. 이 장면에서 이미 결말을 예상했어야 했는데 어릴 적의 그는 몰랐다. 그저 주인공 바람대로의 사진을 받아서 다행이라는 생각이 들었다. 그러나 주인공이 가슴속에서 간직했던 사진을 꺼냈을 때는 순이와 같이 찍은 사진이 아니었다.

그것은 내가 좋아하는 동화집 갈피 속에 끼여 있던 노란 민들레꽃 카드였습니다.

이 마지막 장면이 주는 안타까움이 컸던 기억이 난다. 추억을 소재로 한 동화였지만 남북의 분단된 현실 때문에 만나지 못하는 친구가 있다는 것은 상상만 해도 슬픈 일이었다. 전쟁을 겪었던 어른들로부터 들었던 이야기이기도 하다.

마해송의 동화는 기존의 동화들과는 다른 느낌이 들어서 좋았다. 그가 주로 읽었던 우리나라 이야기를 다룬 동화들은 대부분 전래동화였기 때문이다. 〈바위나리와 아기별〉의 애잔한 이야기는 아직도 생생하다. 이 동화는 우리나라 최초의 창작동화이기도 하다. 1920년에 나온 작품이니 근 100년이 되는 작품인데도 아직도 아이들이 좋아하는 동화 중의 하나이기도 하다. 마해송의 〈떡배 단배〉, 〈원숭이와 토끼〉 등은 일제강점기 시대의 현실비판적인 내용을 담은 동화였다. 그러나 이러한 마해송도 친일작가 중의 하나로 판명되고 말았다. 강소천도 마찬가지다. 이들의 친일행위는 비판받아 마땅하다. 하지만 유년 시절 그가 읽었던 동화들이 퇴색되는 것은 정말로 슬픈 일이 아닐 수 없다.

헌책방 나들이에서 만난 반가운 책은 분도출판사에서 나온 그림 우화 중의 하나인 〈지나쳐 간 사람들〉이다. 표지를 보니 바닷가 모래 위에 움푹 팬 물고기 모양이 그려져 있고 그 옆에는 조개껍데기가 있었다. 그가 어렸을 적 이 책을 좋아하는 이유는 무엇보다 두께가 얇아서 부담 없이 읽을 수 있는 그림우화였기 때문이다. 또 딱딱한 양장본이 아닌 점도 좋았다. 양장본 책을 잘못 떨어뜨려 발등에 찍혀본 경험이 있는 사람은 알 것이다. 그 책의 모서리 부분이 얼마나 아픈지를 말이다. 출판 년도를 보니 1998년 14쇄를 찍은 책이었고 초판은 1976년에 나왔다.

이 책에는 바닷가에 떠밀려 온 물고기의 도움요청에 대처하는 네

가지 유형의 사람이 나온다. 하나는 시간 내기가 어려워 눈앞의 도움의 손길을 거부한 사람이고 다음은 생각이 많은 사람이다. 그 다음 유형은 어떤 문제에 부딪쳤을 때 논리적인 분석만 하려는 사람, 마지막으로는 주변의 환경과 조건 탓만 하는 회의주의자이다. 이 중에서 우리는 어떤 유형의 사람일까? 다시 나타난 세 번째 사람은 물고기가 죽어 조류에 밀려가 버린 것도 모르고 이렇게 말한다.

"이건 정말 회한한 일이군! 하긴, 나도 알고 있었어, 그가 정말 하려고

만 한다면 스스로 문제를 해결할 수 있다는 것을!"

자신의 생각이 맞다는 것을 알고 '기쁜 마음'으로 갈 길을 가는 세 번째 사람의 뒷모습에 많은 생각을 하게 된다. 바닷가에는 그 길을 지나친 사람들 발자국의 흔적이 남아있기 때문이다. 앞표지 그림에 물고기 흔적이 모래사장에 남아있는 것과 아주 대조적이다. 결국 사람들은 제 갈 길을 갔고 한 생명은 그들의 무관심 속에 사라져 버렸다는 것을 상징적으로 드러내고 있다.

뒤표지에 이 책을 소개한 글을 읽어 보면 물고기를 지나쳐 간 사람들은 환경보호가나 생태운동가들이라고 나와 있다. 이들은 다른 사람들보다는 앞서서 문제를 해결할 것이라고 생각했지만 결국 그러하지 못했다. 작가는 일반 사람들보다 이들은 다를 것이라고 생각했던 모양이다. 환경이나 생태를 위한다면서 눈앞의 생명 하나 살리지 못하는 그들의 모습에 대한 실망을 빗대어 이야기한 듯하다. 하지만 작가는 이 비유를 통해 고통 받고 있는 이웃을 무자비하게 외면하고 있는 우리 사회의 모습을 비판하고 있다.

"욱이는 무슨 책망이나 핑계를 생각하지 않고 즉각 자신의 절박한 문제를 직시하고 도움을, 누군가로부터 도움을 받을 필요가 있음을 깨닫는다. 그런데 난처하게도 욱이가 처해 있는 사회는 비정과 우월감과 무관심과 이기심과 겉치레…들이 판을 치는 사회다. 이것은 바로 우리네 사회다."

〈이상한 나라의 숫자들〉이라는 책도 공동체적인 삶을 지향하는 내용이다. 이 책은 '하나(1)'라는 숫자가 홀로 외롭게 살다가 아무것도 아니라며 무시했던 '영(0)'이라는 숫자를 다시 만나 '열(10)'이 된다는 이야기다. 숫자로 표현된 그림들을 보면 절로 미소가 지어지는 책이다. 2는 오리로, 4는 경례하는 군인들, 9는 선텐을 하는 사람들로 익살스럽게 그리고 있다. 혼자가 아니라 이웃과 함께여야 보다 더 큰 힘을 발휘할 수 있다는 주제를 잘 표현하고 있는 동화이다.

〈분도우화〉 시리즈가 외국작가의 작품만 소개하다 처음으로 국내 작품을 펴낸 것은 1983년에 이르러서였다. 바로 17권째 책인 〈아가씨 피리를 부셔요〉이다. 서러운 사람들을 달래주려고 옥피리를 불다 잡혀가 옥사한 아버지와 옥에 갇힌 딸의 이야기다. 이 한 마디의 말로 이 책이 말하고자 하는 것이 무엇인지는 알 수 있을 것이다.

"없는 사람끼리 따뜻한 손을 잡아 주게나."

〈아가씨 피리를 부셔요〉는 1980년대 문화운동에 참여했던 판화가 이철수의 그림이 눈길을 끄는 책이다. 〈큰도둑 거믄이〉도 이철수의 그림인데 황해도 장산곶에서 구전하여 내려오는 소년 장사의 이야기를 다루고 있다. 전해오는 말에 의하면 소년 장사 거믄이 이야기가 〈심청

전)의 원형이 되었다고 한다. 거믄이는 백성들을 괴롭히는 오랑캐들의 물건을 빼앗아 어머니와 백성들을 보살피다 결국 인당수에 빠져 죽게 된다. 그러나 나라를 걱정하여 죽은 뒤에도 인당수 물살을 거세게 하여 오랑캐들의 접근을 막아냈다는 설화를 재구성한 책이다. 투박하지만 정감 있는 판화의 맛을 잘 살린 그림이다.

트리나 폴러스의 〈꽃들에게 희망을〉이라는 책은 많은 사람들에게 사랑을 받은 책이다. 호랑애벌레와 노랑애벌레를 통해 우리에게 사랑과 희망의 소중함을 일깨워주었다. 아이들뿐만 아니라 어른들에게도 사랑받고 있는 〈꽃들에게 희망을〉을 처음으로 출간한 것은 분도출판사였다. 이 책이 분도출판사의 그림우화 시리즈의 첫째 권이기도 하고 다음 책은 그 유명한 쉘 실버스타인의 〈아낌없이 주는 나무〉이다.

분도출판사는 그에게 친숙한 출판사이름이기도 하다. 어릴 적 성당에 다닌 적이 있는 그로서는 이 출판사의 교리서로 공부를 했으며 책장에 꽂혀있는 성서와 관련된 책들을 보았기 때문이다. 분도출판사는 〈분도소책〉 문고판 시리즈로도 유명하다. 말 그대로 작은 책이라는 뜻이다. 김수태 교수는 〈분도출판사의 도서간행〉이라는 논문에서 〈분도소책〉 총서는 30년 가까이 애정을 쏟아 만든 책들이라고 말하고 있다. '작지만 크고, 얇지만 깊고, 가볍지만 무게 있는 사상의 보고'라고 강조한다. 〈분도우화〉 시리즈도 그런 의미로 만들었다. 어린 시절 교리서들은 재미있는 책들이 아니었지만 이런 종류의 책들은 달랐다. 짧은 이야기지만 깊은 생각을 던져주는 내용의 책들이 많았기 때문이다.

분도출판사는 성 베네딕토와 관련이 있다. 성 베네딕토 수도회가 1962년에 설립한 출판사이기 때문이다. '베네딕토'를 한자로 음차하여 '분도(芬道)'로 부르기도 한다. 연세가 있는 사람들이 아직도 프랑스를 불란서, 유럽을 구라파로 하는 것과 같다. 수도회는 중국 연길수도원 때부터 소년운동의 차원으로 어린이 도서 출판에 관심이 많았다. 이는 1934년에 〈카톨릭소년〉이라는 잡지의 발간으로 이어진다.

그의 어린 시절의 향수를 불러일으키는 분도우화 시리즈 중의 하나는 〈저만 알던 거인〉이다. 지금도 표지만 보면 책 속에서 펼쳐진 장면들이 따뜻하게 다가오는 동화이다.

아이들은 아름다운 꽃들과 복숭아 나무, 새들이 나무에서 정답게 노래하는 정원에서 매일 놀았다. 이 정원의 주인은 거인의 정원이었다. 7년 동안 멀리 친구네 집에 있다가 돌아온 거인 아저씨는 이 모습을 보고 몹시 거친 목소리로 외쳤다.

"이 정원은 내 것이야! 알았지! 그러니까 이제부터는 아무도 여기서 놀아선 안 돼."

아이들은 모두 겁에 질려 도망을 갔고 거인은 정원 주위에 높은 담을 쌓고서 '함부로 들어오면 고발하겠음' 이라는 팻말을 써 붙였다. 다음해 마을에는 온통 아름다운 꽃들과 노래하는 새들로 가득했지만 거인의 정원은 봄이 오지 않았다. 빛서리, 북녘바람, 우박만이 힘을 다해서 바삐 뛰어 돌아다녔다.

어느 날 달콤한 향기가 흘러들어 오자 밖을 내다 본 거인은 깜짝 놀랐다. 아이들이 기어들어와 나뭇가지에 올라앉아 있었기 때문이다. 거기엔 작은 아이가 하나 서 있었다. 거인은 눈에 눈물이 가득 고인 아이를 한 손에 살며시 안아 나무 위에 올려놓았다. 그 아이가 팔을 뻗고 입맞춤을 한 순간 거인의 정원에 봄이 왔다. 거인은 이제까지 자기 자신밖에 몰랐다고 생각하며 아이들과 함께 마음껏 뛰놀았다.

어느 날 정원에 있는 나무 하나가 하얀 아름다운 꽃으로 덮여 금빛 가지에, 은빛 열매들이 달려 있었다. 거인이 신비스러워서 그 나무 가까이 가니 그 아이가 있었다. 그런데 그 아이의 두 손바닥과 발등에는 못자국이 있었다. 화가 난 거인이 물었다.

"누가 감히 너에게 이런 짓을 했니, 누가?"

"이건 사랑의 상처예요"

그 아이는 거인을 보고 웃으며 말했다.

"나를 정원에서 놀게 해 주신 적이 있었지요. 오늘은 내가 당신을 내 정원으로 모시고 가겠어요. 내 정원은 천국입니다."

그날 오후 아이들이 달려와 보니 거인은 나무 아래 숨겨 누워 있었다.

이 책은 종교적인 색채가 강한 동화이다. 그러나 어렸을 적 그는 거인의 정원의 환상적인 장면이 아름다웠다. 거인의 흐뭇한 미소와 팔을 벌려 입맞춤을 하는 아이의 모습은 감동적이었다. 그는 주말마다 빠지지 않고 성당에 다니고 고해성사를 꼬박꼬박했던 신앙심이 깊은 아이였다. 하지만 비종교인이라도 거부감 있게 느껴지는 동화는 아니다.
위의 논문에서 김수태 교수는 이렇게 밝히고 있다.

그러나 〈분도우화〉는 오히려 성인 동화로도 이해할 수 있는 것이 아닐까 한다. 어른들이 먼저 읽고 아이들에게 이를 읽히는 방향으로 나아갔던 것이다. 다시 말해서 동화를 통해서 어른들과 아이들이 만날 수 있는 공간을 확보하게 된 것이다.

이것이 〈분도우화〉 시리즈들에서 소개한 책들이 아직까지도 독자들에게 사랑받고 있는 이유라고 생각한다. 그는 이 책들이 어렸을 적 심성에 영향을 미쳤다는 생각을 한다. 이웃을 배려하고 도와야 한다는 마음과 공동체적인 삶을 살아야 한다는 생각은 변함없으니까 말이다.

성장시절,
흑백의 아련함에
미소 짓다

소녀시절의 추억,
순정만화

순정만화를 좋아하지 않았던 그였다. 솔직히 말하면 '순정'이란 말
자체에 약간의 거부감을 느꼈던 반항기 있던 여학생이었다. 학생 정
도라면 그런 만화책이 아니라 좀 더 지적인 책을 읽어야 한다고 생각
했던 그였다.

"너 '베르사유의 장미' 안 봤다구?"

동그란 눈으로 신기하게 날 쳐다보았던 친구의 눈을 그는 아직도
기억한다. 친구의 이 말에 그는 조금 자존심이 상했다. 그래서 모르고
안 본 것이 아니라는 말을 둘러대려고 했지만 친구는 그의 변명에 그
다지 관심이 없어 보였다.

"그래? 그럼 내가 빌려줄게."

친구는 가방 안에 몇 권씩을 들고 와서 그에게 빌려주었고 그는 '순정'에 대한 거부감이고 뭐고 이 책에 빠져들 수밖에 없었다. 그 이후 우리 반은 다시 순정만화 돌풍이 불었다. 친구는 이 책뿐만 아니라 다른 만화책도 많이 소장하고 있었기 때문에 그는 친구 덕에 만화방 출입에 대한 기억이 안타깝게도 별로 없다.

1972년부터 1973년까지 일본 슈에이샤의 소녀 만화 잡지 〈주간 마가릿〉에 연재되었던 이 책은 단행본으로 출간되어 일본의 만화가인 이케다 리요코가 창작한 만화이다. 이케다 리요코는 오스트리아의 역사 소설 작가 슈테판 츠바이크의 〈마리 앙투아네트 베르사유의 장미〉에서 아이디어를 얻었다고 한다. 그가 본 것은 이 책이 정식으로 출간되지 않은 해적판이었다. 우리나라에서도 텔레비전 채널을 통해 애니메이션 시리즈로 방영되기도 했다.

이 책은 프랑스의 루이 15세 정권 말기에서부터 프랑스 혁명으로 인한 마리 앙투아네트 처형에 이르기까지의 이야기를 그리고 있다. 주인공인 오스칼과 앙드레, 로자리는 허구적 인물이지만 마리 앙투아네트와 사랑에 빠진 스웨덴의 귀족 페르젠은 실존인물이다.

이 책을 보고 난 후 구석에 박혀있던 백과사전을 꺼내 프랑스혁명 관련 자료들을 샅샅이 뒤졌던 기억이 새삼스럽다. 실제로 페르젠은 프랑스 혁명이 일어난 뒤 1791년 왕과 왕비를 도피시킬 계획을 세웠으며, 자신이 직접 국왕 부처를 태운 마차를 몰고 파리 탈출을 시도했다고 한다. 백과사전에 나와 있는 내용을 보면서 둘의 사랑은 허구가 아니라고 생각하기도 했다. 어차피 역사를 소재로 한 만화나 소설은 허구적인 장치가 있는 것은 당연한 것임에도 불구하고 여학생이었던 그는 그 사실이 중요했다. 아마도 '순정'이란 단어에 대한 거부감은 완전히 허세였음이 들통 난 셈이다.

그 후 페르젠은 프랑스로 추방당해서 마리와 루이 16세가 처형당하는 것도 보지 못했다고 한다. 사랑하는 여인의 죽음에 아무것도 할 수 없었던 페르젠의 슬픔이 전해지는 듯했다. 또 프랑스 왕가의 군대를 통솔하는 유서 깊은 가문으로 설정되었던 오스칼의 아버지 자르제, 다이아몬드 목걸이 사건과 관련된 로만 대주교와 라 모트 백작부인에 얽힌 일화도 사실이다.

이 사건은 라 모트 백작부인의 한 음모로부터 발단된다. 겉으로는 왕비인 마리 앙투아네트에게 선사하기 위한 것처럼 꾸몄으나 실제로는 자신과 측근을 위한 것이었다. 이들은 목걸이를 루이 15세, 루이 16세에게 팔려 했으나 실패하자 로안 추기경에게까지 접근을 하게 된다. 로안 추기경은 프랑스 왕실의 총애를 받고 싶은 마음에 이들의 사기사건에 휘말리게 된다. 추기경의 신용을 담보로 하여 목걸이 대금을 분납하기로 보석상들과 계약을 하고 라 모트 백작부인에게 목걸이를 넘겨준다. 그러나 왕비에게 있을 것이라고 생각한 목걸이는 결국 런던에서 팔렸다는 사실이 밝혀지자 루이 16세는 이 사건을 그냥 덮어두지 않고 로안 추기경을 추방한다. 라 모트 백작 부인은 종신형을 선고받아 감옥에 갇혔다가 영국으로 도망치게 되는데 그곳에서 회고

록을 펴내, 마리 앙투아네트가 사치하고 방탕하며 성적으로 문란하다는 식의 이야기를 퍼트린다. 이 사건으로 사람들은 마리 앙투와네트가 도덕성이 부족하고 사치스럽다는 확신을 하게 되었고 루이 16세의 전제적 정치에도 불신을 하게 된다. 이 사건은 프랑스 혁명을 일으킨 여러 요인 중 하나가 되었다.

남장을 한 오스칼은 프랑스 혁명이라는 거대한 역사의 현장 속에서 왕정 근위대이면서도 귀족과 민중의 삶에서 갈등한다. 그러나 결국 절대 왕정 하에서 비참하게 생활하는 프랑스 민중의 현실을 깨닫고 혁명에 동참하는 이야기를 중심으로 진행된다. 오스칼과 앙드레는 혁명이 끝난 후 결혼식을 올리기로 약속하지만 앙드레는 총탄에 사망한다. 오스칼도 다음날 바스티유 감옥습격을 주도하다가 역시 총에 맞아 사망하게 된다. 마지막 장면에서 그는 그만 눈물을 펑펑 흘렸다.

앙드레 : 왜 그래, 오스칼. 울고 있는 거야?

오스칼 : 앙드레, 네게 부탁이 있어. 이 전쟁이 끝나면 어디 조용한 시골교회로 가서 정식으로 결혼식을 올리자. 그리고 신 앞에서 날 아내로 삼는다고 맹세해줘.

앙드레 : 물론이지, 오스칼. 근데 왜 우는 거야? 난 가망 없는 거야?

오스칼 : 바보 같은 소리 하지 마, 앙드레!

앙드레 : 그래, 그렇지. 이제부터 시작인 걸. 너와 나의 사랑도, 새로운 시대의 시작도…모두 지금부터가 시작인 걸. 이럴 때 내가 죽을 리는 없지. 절대로.

오스칼 : 언제 아라스에 가서 우리 둘이 일출을 봤지. 다시 보자 둘이 같이. 그 아름다운 아침 해를 보면서 우리가 태어나고 만나서 살아있길 잘했다고 생각하면서. 앙드레? 앙드레, 앙드레, 날 두고 어디 가는 거야.

이 부분은 이렇게 대사만으로 감상해서는 절대 안 되는 부분이라 그는 만화의 장면을 떠올려 보았다. 이케다 리요코의 또 다른 작품 중의 하나는 〈올훼스의 창〉도 그의 마음속에 남아있는 순정만화 중 하나이다. 이 작품은 제1차 세계대전, 러시아 혁명을 다룬 작품이다. 가문의 사정 때문에 남장을 하게 되는 여주인공인 유리우스, 피아노에 천부적인 재능을 가진 가난한 장학생 이자크, 러시아혁명가임을 숨기고 학생으로 위장한 클라우스가 등장인물이다. 이들은 독일의 레겐스부르크에 있는 성 세바스찬 음악학교에서 운명적인 만남을 갖는다. 이들의 만남은 음악학교 '전설의 창' 앞에서 이루어진다. 여기에서 만나게 되는 사람들은 운명적인 사랑을 하나 비극으로 끝난다는 전설이 있는 곳이다.

〈올훼스의 창〉 배경은 러시아 상트페테르부르크, 레닌을 기념해 레닌그라드로 부르다가 1991년 본래 이름으로 바꾼 곳이다. 올훼스는 오르페우스의 일본식표기인데 그리스신화에 나오는 오르페우스와 에우리디케의 사랑이야기를 모티프로 한 것이다.

태양과 음악의 신 아폴론과 예술의 여신 칼리오페 아들인 오르페우스는 하프 연주를 잘했다. 그가 연주를 하면 거센 물결도 잠잠해지고 온갖 나무와 꽃들이 춤을 출 정도였다고 한다. 오르페우스와 숲의 요정인 에우리디케는 부부의 인연을 맺는다. 그러나 오르페우스가 열매를 따러 숲으로 간 사이 누구에게 쫓겨 도망치다 그만 독뱀에 물려 죽게 된다. 이를 슬퍼한 오르페우스는 더 이상 하프연주를 할 수가 없었다. 결국 그는 아내를 찾기 위해 지하세계로 직접 가 지하의 왕과 왕비인 하데스와 페르세포네에게 아내를 돌려달라고 부탁한다. 그의 아름다운 연주를 들은 하데스는 부탁을 들어준다. 그러나 절대 지하세계를 벗어나기 전까지 뒤를 돌아보면 안 된다는 금기를 어기고 말아에우리디케는 다시 지하세계로 돌아가게 된다. 아내를 다시 잃은 슬픔에 빠진 오르페우스는 결국 죽게 된다는 이야기다.

김혜린의 〈북해의 별〉도 재미있게 본 만화였다. 그러나 그의 순정 시대는 그리 오래지 않아서 마감을 하게 된다. 순정만화의 아름다운 그림체와 구성의 단단함에 빠졌던 그때 그 시절의 순수했던 때가 가끔 그립기도 하다.

주머니 속의 책,
문고판

오래된 헌 책장을 정리하다가 〈젊은 베르테르의 번민〉이라는 삼중 당문고 책이 구석에서 먼지를 뒤집어 쓴 채 구겨져 있었다. 아주 오래 전에 버렸던 것으로 기억하는데 아마도 다른 책들 틈에 숨어 있었던 모양이었다. 늘 책장 정리를 할 때마다 다른 책들과 크기가 맞지 않고 보관하기도 골칫거리였던 책들이었다. 추억의 때가 묻어있기에 버리기 아쉬웠지만 좁은 공간에 마냥 쌓아둘 수만 없었다. 더욱이 빈번한 이사 탓에 낡은 책들은 폐기처리 1순위 대상이었다.

어렸을 때 기억으로는 몇 백 원 했던 책이었다. 값싸고 손쉽게 구입해서인지 미련 없이 버렸는지도 모르겠다. 더구나 세로쓰기로 된 작은 글씨에 누렇게 바랜 책을 다시 읽을 것 같지도 않았다. 가로쓰기로

되어 있던 동화책과 달리 중학생다운 책을 읽게 된 것은 아마도 삼중
당문고였을 것이다. 어른들 몰래 읽었던 세로로 된 성인소설과 달리
떳떳하게 읽을 수 있었기 때문이다.

[한국민족문화대백과]에 의하면 우리나라 문고판 출판의 시작은
1909년으로 거슬러 올라간다. 최남선은 서적의 대량보급을 위하여
〈십전총서(十錢叢書)〉라는 이름으로 10전 균일의 염가로 판매하였다.
이때 첫 목록으로 나온 책이 〈걸리버유람기〉라고 하는데 이것이 우리
나라 최초의 현대적 문고이다. 이 〈십전총서〉는 일본의 〈이와나미문
고(岩波文庫)〉보다 18년이나 앞서 발간되었다는 사실이 주목할 만하
다. 1970~80년대 우리나라에 유행했던 문고판 책들이 일본 문고판에
서 착안해 발간되었다고만 알고 있었기 때문이다.

판본이 작아서 읽기에는 조금 불편했었지만 장정일 시인의 〈삼중당 문고〉에 표현된 시처럼 수업시간에 읽기에도 알맞은 크기였다. 주머니 속으로 쏙 들어가 갖고 다니기에도 편했다. 용돈이 넉넉하지 못했던 우리의 주머니 사정에도 맞는 책이었다.

열다섯 살,

하면 금세 떠오르는 삼중당 문고

150원 했던 삼중당 문고

수업시간에 선생님 몰래, 두터운 교과서 사이에 끼워 읽었던 삼중당 문고 (…)

작은 손바닥만 한 책은 겉표지가 없었다. 오래된 보물을 다루듯이 책을 펼쳐 출판 년도를 확인해 보니 출판 년도가 1975년인 초판본이었다. 시인의 책처럼 150원이 아니라 200원이라는 것을 알게 된 것은 헌책방에서 겉표지를 보았기 때문이다. 그나마 겉표지가 남아있는 〈노인과 바다〉는 1985년에 중판이 발행되었는데 950원이다.

문뜩 '젊은 베르테르의 번민' 이라는 단어가 새삼스러웠다. 국어시간에 배웠던 조지훈의 시 〈승무〉가 떠오른 것도 이 때문이다. '번뇌'나 '번민' 등을 처음 접했을 때처럼 낯설면서도 신선한 느낌이 들었다. 그의 기억 속에는 분명 '젊은 베르테르의 슬픔' 이었는데 제목은 그것이 아니었다. 시인이 표현한 대로 이 작은 책이 '이스트를 넣은

빵같이 커다랗게 부풀어 '알 수 없는 것'이 되어 버렸기 때문일 수도 있다.

아직도 기억 속에 남아있는 장면은 이 책의 마지막 장면이었다. 어린 마음에 내용이 왜 그리 비극적으로 끝날 수밖에 없었는지 충격적인 것만은 사실이다. 자살하는 장면이 구체적으로 언급되어 있었기 때문이다. 어린 마음에 베르테르가 롯데한테 마지막으로 남긴 편지가 인상 깊었는데 어른이 된 지금 신파적이라는 생각이 든 것은 세속적인 때가 많이 묻었기 때문일 것이다.

롯데여! 이 옷을 입은 채로 나는 묻혔으면 합니다. 당신이 이 옷을 매만졌고 성스럽게 해 주었습니다. 당신 아버지께도 이것을 부탁드렸습니다. 나의 영혼은 관 위에 어리고 있습니다.

물론 원문에는 당시의 표기법인 '~읍니다'로 되어 있다. 그때 당시는 분명 깨알 같은 작은 글씨를 보면서 굵은 눈물방울을 뚝뚝 흘렸을 것이다. 비극적인 결말의 모티프는 괴테가 학창시절 알고 지냈던 예루잘렘의 영향이 크다고 한다. 동료의 부인을 사랑했던 그는 이루어지지 못하는 사랑에 절망하여 권총으로 목숨을 끊었다. 또 괴테가 겪었던 사랑의 체험을 바탕으로 탄생했다는 사실 때문에 더 실감 있게 느껴졌을 것이다. 괴테는 자기 친구의 약혼녀인 롯데와의 사랑을 정리하면서 한때는 죽음에 사로잡히기까지 했었다고 한다. 그러나 괴

테는 글을 쓰면서 그 고통을 극복해 내었다.

'베르테르의 번민에서 위안을 찾으라' 는 작가의 의도와 달리 일부 독자들은 그 위안을 다른 방식으로 해결하기도 했다. 이 책이 발표된 후 베르테르처럼 노란 조끼와 푸른색 연미복이 유행하기도 했다. 심지어 베르테르와 같은 처지의 청년들이 연달아 자살하는 사태가 벌어지기도 했다. 이 책은 질풍노도문학의 대표적인 작품이라고 할 수 있다. 질풍노도문학은 프리드리히 클링거의 격정적인 희곡 제목 〈질풍노도〉에서 유래했다. 이 경향은 개성의 존중, 자연과 자유의 사랑을 추구하고 인습적인 구사회의 관습과 권위에 대해 반항한 것이 특징이다. 1774년에 발표된 소설이 200년이 지난 후에도 그의 감성에 울림으로 다가온 것은 그 '질풍노도'의 시기에 읽었기 때문이었을 것이다. 그 시기를 잘 넘길 수 있었던 것은 아무래도 책의 역할이 크지 않았나 싶다. 괴테가 책의 서문에서 밝힌 것처럼 말이다.

(…)베르테르와 똑같은 마음의 충동을 갖게 되는 착한 그대의 마음이여! 베르테르의 번민에서 위안을 찾으시라. 그리고 만약 그대가 숙명적으로 혹은 자신의 허물로 인하여 친근한 벗을 찾을 수가 없으면, 이 작은 책자를 그대의 벗으로 삼으시라.

또 헤르만 헤세의 〈데미안〉도 같은 시기에 읽었다. 밝고 재미있는 책들도 있었지만 지금 기억에 남는 것들은 이런 비극적이고 우울했던 내용의 책들이었다. 감수성이 예민했던 청소년 시기여서 그런지 밝고 재미있는 책들보다 이런 책들이 여운이 많이 남았다.

중학생시절 처음 접했던 책인 '삼중당문고'는 그의 시야에서 서서히 사라지기 시작했고 이후 그의 손에는 '범우문고'가 들려 있었다. '범우문고 001'이 피천득의 〈수필〉이었다. 다음 목록인 '002'는 법정스님의 〈무소유〉였다는 것을 늦은 나이에서야 알았다. 어린 시절에는 그런 제목에 전혀 관심이 없었기 때문이다.

(…)

집채만해진 삼중당문고
공룡같이 기괴한 삼중당문고
우주같이 신비로운 삼중당문고
그러나 나 죽으면
시커먼 배때기 속에 든 바람 모두 빠져나가고
졸아드는 풍선같이 작아져
삼중당문고만한 관 속에 들어가
붉은 흙 뒤집어쓰고 평안한 무덤이 되겠지.

장정일 시의 마지막 구절처럼 당시에 읽었던 책들은 감성과 지혜의
창고 역할을 톡톡히 했다. 결국 언젠가는 머릿속을 빠져나와 관 속으
로 들어가겠지. 하지만 잠시라도 이런 책들을 벗 삼은 삶이라면 언젠
가 들어갈 평안한 무덤인들 어떠나 싶다.

헌책방에서 아이들을 위한 책을 둘러보던 중 단편집들을 묶어둔 책 더미를 발견했다. 한국작가들의 단편뿐만 아니라 외국작가들의 단편들도 보였다. 그는 먼저 알퐁스 도데 작품들을 훑어 보았다. 〈마지막 수업〉, 〈아를의 여인〉, 〈두 노인〉 외에 그가 잘 모르는 단편들도 많았다. 그가 알퐁스 도데의 단편을 가장 처음으로 접한 것은 아마도 국어 교과서에서 였을 것이다.

그의 유년 시절에 읽은 아름다운 소설 중의 하나는 바로 〈별〉이다. 목동과 주인집 아가씨가 밤하늘의 별을 보는 장면은 생생한 정도로 서정적이었다. 그의 어린 시절 '별'에 대한 향수를 불러일으키는 소설이었다. 황순원의 〈별〉이나 〈소나기〉같은 순수함이 느껴지는 소설이기도 했다.

"저 별은 나의 별."

어린 시절 이 노래를 흥얼거리면서 밤 하늘을 보았다. 그는 방학 때마다 늘 시골 집에 가서 지냈다. 여름밤이면 모깃불을 피워놓고 멍석에 누워서 바라보았던 별들 은 쏟아질 것만 같았다. 하늘에는 하얗게 은하수가 펼쳐져 있었다. 〈별〉에서 말하 는 '성 쟈크의 길' 이 바로 은하수이다.

"그렇지만, 온갖 별들 중에서도 가장 아름다운 별은요, 아가씨, 그건 뭐니 뭐니 해도 역시 우리들의 별이죠. 저 '목동의 별' 말입니다. 우리 가 새벽에 양떼를 몰고 나갈 때나 또는 저녁에 다시 몰고 돌아올 때, 한결같이 우리를 비추어 주는 별이랍니다. 우리들은 그 별을 마글론 이라고도 부르지요. '프로방스 피에르'의 뒤를 쫓아가서 칠 년 만에 한 번씩 결혼을 하는 예쁜 마글론 말입니다."

소설에서 가장 아름답다고 말하는 별은 '목동의 별' 인 '마글론' 은 직녀성, '프로방스 피에르' 는 견우성이다. 어릴 적 칠월칠석일에 비가 내리면 견우와 직녀가 만나서 흘리는 눈물과 까막까치의 오작교 이야 기도 생각난다.

밤하늘을 수놓는 많은 별들 중에서 그가 가장 마음에 드는 별은 샛

별인 금성이었다. 저녁에는 '개밥바라기별'과 '태백성'. 새벽에는 '계명성' 또는 '샛별'이 모두 금성의 이름이다. 저녁에 서쪽 하늘에서 가장 먼저 뜨는 '개밥바라기별'은 개가 밥을 바라는 시간인 초저녁에 뜨기 때문에 그런 이름이 붙여졌다 한다. 옛날 사람들은 하루가 시작되는 새벽에 반짝이는 별과 개밥을 줄 때 뜨는 초저녁의 별이 서로 다른 별이라고 생각했을지도 모른다. 하지만 개밥바라기별이나 샛별이나 이름 없는 별들 모두가 아름다운 별임에는 틀림이 없다.

금성은 수많은 천체 중에서 태양과 달에 이어 세 번째로 밝게 빛나는 별이고 언제나 태양보다 낮은 궤도에서 움직이는 것으로 알려져 있다. 태양의 주위를 돌기 때문에 빛이 약한 초저녁이나 새벽에 볼 수 있고 한밤중에는 볼 수 없다. 고대 마야에서는 금성을 '위대한 별'이라고 특별히 숭배했다고 하고, 그리스인들은 금성을 미의 여신인 비너스나 아프로디테라고 부른다. 밤하늘에서 금성이 너무 밝고 아름답게 보였기 때문일 것이다.

이름 없는 별들이라고 하지만 무심코 하늘에 떠 있는 별자리들도 다 이름이 있다. 예로부터 별자리는 여행자들에게 길잡이가 되어왔다. 하지만 나라마다 그 이름이 달라 혼란이 생기고 불편한 일이 많이 발생하자 국제천문연맹에서 황도를 따라서 12개, 북반구 하늘에 28개, 남반구 하늘에 48개로 총 88개의 별자리를 확정지었다. 이 중 우리나라에서 제대로 볼 수 있는 별자리는 67개이고, 일부만이 보이는 별자리가 12개, 완전히 보이지 않는 별자리는 9개라고 한다. 이런 별자리도 우리는 잘 모르고 있는 것이 사실이다.

목동이 설명한 별들 중에 그의 눈에 잘 보이는 별은 아무래도 '병아리장'인 북두칠성이다. 어머니를 위해 징검다리를 놓은 일곱 형제들이 이 별이 되었다는 이야기 속의 그 별자리다. 알퐁스 도데의 〈별〉에 나오는 삼왕성은 오리온을 말한다. 여기서 소개한 이 별에 대한 전설은 이러하다.

어느 날 밤, 쟝 드 밀랑(시리어스)은 삼왕성(오리온)과 병아리장(북두칠성)들과 함께 그들 친구별의 잔치에 초대를 받았나 봐요. 병아리장은 남들보다 일찍 서둘러서 맨 먼저 떠나 윗길로 접어들었어요. 삼왕성은 좀더 아래로 곧장 가로질러 마침내 병아리장을 따라갔습니다. 그러나 게으름뱅이 쟝 드 밀랑(시리어스)은 너무 늦잠을 자다가 그만 꼴찌가 되었어요. 화가 난 그 쟝 드 밀랑은 그들을 멈추게 하려고 지팡이를 냅다 던졌어요. 그래서 삼왕성을 '쟝 드 밀랑의 지팡이'라고도 부른답니다.

오리온은 우리나라 겨울철 별자리 중의 하나인데 남쪽하늘에서 잘 보인다. 실패모양으로 생겼는데 허리부분에 나란히 있는 별 세 개가 또렷해서 금방 찾을 수 있다. 북쪽 하늘 별자리 중 큰곰자리의 북두칠성은 봄과 여름 초저녁에, 가을 겨울에는 카시오페이아자리를 쉽게 볼 수 있다. 이 두 별자리는 주로 밝은 별들로 이루어져 있고, 모양도 특이하여 찾기 쉬울 뿐 아니라 북극성을 찾는데도 길잡이가 되기도 한다.

먼저 북두칠성을 찾았다면 국자 끝에 있는 두 별을 이어서 연장해 보면 다섯 배 정도 거리에서 밝은 별을 발견할 수 있다. 이 별이 바로 천구의 북극을 나타내는 북극성이다. 다만 가을에는 북두칠성이 지평선 근처에 있어서 잘 보이지 않을 수도 있다. 이럴 때는 W자 모양을 한 카시오페이아자리를 찾아서 비슷한 방법으로 북극성을 찾을 수 있다. 카시오페이아는 북극성을 중심으로 북두칠성 반대편에 위치하고 있다. 카시오페이아 옆의 오각형 모양의 별은 그녀의 남편 에티오피아의 왕인 세페우스다.

아마 20세기의 마지막 겨울이었을 것이다. 별똥별이 비처럼 쏟아진다는 유성우를 보기 위해서 그는 선배네 갔던 기억이 있다. 선배네 집에서 이야기를 나누다가 새벽에 밤하늘을 바라보았다. 한두 개의 별똥별만 보았던 그로서는 평생 처음으로 많이 떨어지는 별을 보았다. 별을 보면서 무슨 생각을 했는지도 기억이 나지 않지만 나름대로의 진실한 소원을 빌었을 것이다. 그 추운 새벽, 선배는 별을 보기 위해 자고 있던 아이를 들쳐 업고 함께 나갔다. 몇 시간을 기다리면서 보았기에 온몸이 꽁꽁 얼 정도로 추웠던 기억은 더 생생하다. 가끔 그 선배를 만나면 그날의 추억을 떠올리며 실실 웃기도 한다.

그 해 겨울, 일생 최대의 우주쇼라고 언론에서 떠들썩했다. 이 혜성은 33년 주기로 태양을 찾아오기에 이때 보지 못하면 2032년에나 볼 수 있을 거라고 했다. 33년 전의 1966년에는 초당 40개 정도의 별똥별이 관측되었다고 한다. 상상했던 것처럼 우수수 떨어지는 것은 아니었지만 별똥별이 밤하늘을 스쳤던 장면들이 오늘따라 새삼스레 떠오른다. 그것이 사자자리 유성우라는 것도 나중에서야 알았다. 그 때는 33년 후의 모습은 상상도 하지 않았는데 지금은 그 시간이 조금씩 좁혀지고 있다.

어릴 적 밤하늘의 별을 보고 많은 꿈을 꾸며 살았다. 시인 윤동주처럼 '무엇인지 그리워 별빛이 내린 언덕위에 내 이름자를 쓰고 지우듯이' 많은 사람, 많은 것들에 대한 그리움과 사랑을 가슴속에 간직하고 살았다. 그런데 언젠가부터 그는 나이를 먹어가면서 밤하늘을 올려다볼 여유를 잃어버리게 되었다. 특히나 불빛이 밝은 도시 속에서 별을 보기는 더욱 힘든 조건이 되어버렸다.

요즘 가끔 밤하늘을 올려다보게 된다. 다행히 동네가 조금 외진 곳이라서 몇 개의 별은 볼 수 있다. 늦은 밤, 별이 생각이 나면 일부러 불빛이 가려진 곳으로 돌아가 걷기도 하고, 새벽녘에 깨어 있을 때는 창문을 열어 밤하늘을 바라보기도 한다. 별을 헤는 마음을 간직하면서 살아야 하는데….

색다른
책

예전 여학생들에게 인기가 있었던 문고판 로맨스소설인 '하이틴 로맨스', '할리퀸 로맨스'가 있었다. 신분이 다른 남녀가 우연히 만나 사랑에 빠져들어 고난 끝에 해피엔딩에 이른다는 전형적인 구성이었지만 폭발적인 인기를 끌었다.

부산 보수동 남양서점에서 '하이틴 로맨스'를 발견했을 때 반가웠다. 친절하게도 젊은 주인은 2층 창고까지 그를 안내하면서 사진 찍는 것을 허락해 주었다. 또 법정 스님의 〈무소유〉를 시대별로 모아두고 사진을 찍으라고까지 해주었다. 하이틴 로맨스는 수업시간에 교과서 사이에 몰래 끼고 읽었던 생각이 났다. 판형도 작고 두께도 얇아서 1교시 수업시간이 끝나기도 전에 뚝딱 읽을 수 있었다. 그는 가끔 친구

들의 책을 빌려서 읽는 정도였지만 이 책에 열광을 했던 친구는 가방 안에 하이틴 로맨스를 잔뜩 가지고 와서 반 아이들에게 돌리기도 했었다. 대부분 대여점에서 빌려보았지만 새 책이 나올 때마다 꼬박꼬박 구입해서 소장까지 하는 친구들도 있었다. 그가 발견한 책은 현지 출판사에서 나온 〈별이 빛나는 밤의 심포니〉이다. 그가 읽었던 책은 아니었다. 사실 비슷한 내용들이라서 읽었다고 해도 선명하게 기억나는 제목은 없다.

표지에는 포옹하고 있는 남녀의 사진에 눈길이 갔다. 구레나룻이 있는 남자 주인공의 옆모습이었는데 대부분 수염이 있는 사람들처럼 덥수룩하거나 지저분하게 보이지 않았다. 환하게 웃고 있는 여자 주인공의 미모도 훌륭했다. 대부분 로맨스소설 표지에는 잘생긴 남녀주인공들의 사진이나 그림이 있었다. 약간 거친 남성성을 풍기는 주인공, 섬세하고 깔끔한 인상, 무뚝뚝하지만 자상한 성격, 이 정도면 상상력을 불러일으킬만한 남자주인공의 자격조건이 충분한 셈이다.

서점 주인은 다른 책을 보여 주었는데 그것은 〈페테르부르크의 연가〉라는 제목의 '할리퀸 로맨스'였다. 하이틴 로맨스의 대를 잇는 할리퀸 로맨스는 우리나라에 86년에 처음 번역 소개되었다. 할리퀸 (Harlequin)은 연극 등에 등장하는 광대나 마술사, 연인 역의 정형을 뜻하는데 캐나다의 로맨스소설 전문 출판사 이름이기도 하다. 이 출판사에서 출간한 로맨스소설이 인기를 얻으면서 할리퀸이란 단어가 로맨스의 대명사가 된 셈이다.

할리퀸 로맨스에는 일정의 법칙이 존재한다. 매력적인 주인공들이 등장하는 환상적이고 낭만적인 이야기로 구성되어 있다. 주로 여자주인공이 이야기를 실제적으로 이끌어나가고 있고 적극적이고 강한 성향을 가진다. 남자주인공은 카리스마가 있으며 전문적인 분야에서 성공한 인물로 부자이거나 수입이 넉넉해야 한다. 또 완고하거나 비타협적인 경향이 강하고 올바른 판단력을 갖추었기 때문에 주변에서 가볍게 여길 수 없는 성향을 지니고 있다. 남자주인공들의 대사는 주로 '하오체'를 쓴다는 점이 특징이다. 두 주인공의 감정적인 깊이 표현에 초점을 두면서 내용이 진행되는데 이들은 반드시 감정의 극한상태에 다다르게 되어 있다.

우스갯소리로 할리퀸의 절대법칙 3가지가 있는데 남자주인공의 외모는 구릿빛 피부, 재산정도는 외딴섬 정도는 소유해야 하고, 청순가

련 여자주인공은 패션 감각이 있어야 한다는 점이다. 두 주인공이 사랑을 나눌 때에도 법칙이 존재한다. 노골적인 성적 묘사보다는 관능적이면서도 세심한 묘사로 긴장감을 유지하는 것이 중요하다. 결말은 서로간의 오해를 풀고 서로의 사랑을 확인하면서 행복하게 끝을 맺는다. 여운이 있는 이런 장면을 남기면서 말이다.

그는 격렬하고도 정열적인 키스를 퍼부어댔다. 그의 우람스런 팔은 그녀를 힘껏 껴안고 있었다. (…) 그의 입술이 그녀를 다시 찾았을 때, 그녀의 심장은 무섭도록 높게 고동치고 있었다. 그의 정열적인 애무를 받아들이기 위해 그녀는 입술을 조금 열었다.

초기 로맨스 소설의 독자층은 주로 10대 여학생들이었지만 다양한 장르의 로맨스 소설이 출간되면서 독자층도 다양해졌다. 요즘 나오는 로맨스 소설의 주 독자층은 20대 초중반에서 30대 여성이 주축을 이루고 있으나 장르에 따라 10대부터 40대 이상까지 폭넓은 분포를 보이고 있다. 여성들이 로맨스소설에 빠져드는 이유는 정서적 만족감 때문이다. 현실적으로 이루기 힘든 신분을 뛰어넘는 사랑, 남자주인공의 강렬한 카리스마는 여성들의 판타지를 자극하기에 충분하다. 뛰어난 외모뿐만 아니라 재력과 능력까지 겸비하고 있는 남자주인공이 평범한 여자주인공을 진정으로 사랑하는 모습을 보는 것만으로도 대리만족이 되기 때문이다.

그렇다면 남학생들은 학창시절에 어떤 책을 보면서 대리만족을 했을까? 〈선데이 서울〉이 정식으로 유통된 잡지였기에 버스정류장이나 지하철 가판대에서 구입을 할 수 있었다. 그러나 이보다 강도가 센 성인잡지들은 불법적으로 거래되었는데 주로 헌책방을 통해서 유통되었다. 〈핫 윈드〉, 〈플레이보이〉, 〈팬트하우스〉 이런 색다른 잡지에 호기심을 발휘하지 않는 남학생은 아마 없었을 것이다.

무협소설도 추억의 책 중의 하나이다. 80~90년대 무협소설 애호가들이라면 김용 작가를 기억할 것이다. 그의 작품을 모르더라도 영화로 만들어진 〈동방불패〉, 〈녹정기〉, 〈소오강호〉 등은 익히 들어보았을 것이다. 우리나라뿐만 아니라 전 세계적으로도 널리 알려져 흥행에도 성공한 작품들이다. 학창 시절 〈영웅문〉을 읽은 사람이라면 그때의 신선한 충격을 잊을 수 없을 것이다. 국내에는 고려원에서 〈영웅문〉이라는 작품으로 소개가 되었고, 후에 김영사에서 〈사조영웅전〉으로 다시 소개가 되었다. 1부 사조영웅전, 2부 신조협려, 3부 의천도룡기로 구성되어 있다. 〈영웅문〉은 나오자마자 초베스트셀러에 올라 화제가 되기도 했고 그 여파로 전국의 서점가는 무협소설로 도배되다시피 했다.

이후 고전 무협소설의 대가라고 하는 와룡생의 작품이 다시 출간된다. 와룡생의 대표적인 〈군협지〉는 정통무협소설의 원조이자 최고봉이라 칭송되는 작품이기도 하다. 〈군협지〉는 와룡생이 대만의 일간지 중앙일보에 연재되었는데 원 제목은 〈옥차맹〉이다. 이는 소차차가 서원평의 무덤에 옥비녀 한옥차(寒玉釵)를 함께 묻으며 부부됨을 맹세한

데서 따온 것이다. 〈군협지〉라는 이름 외에도 〈비호지〉, 〈군웅지〉 등으로 출간되었다.

〈군협지〉는 주인공 서원평이 부모와 사부의 원수를 갚기 위해 소림사 담을 넘는 이야기로 시작된다. 혜공대사로부터 달마역근경의 공력을 전수받은 서원평은 무림고수들을 만나면서 성장해 간다. 복수를 위해 길을 떠난 서원평은 소차차와 사랑에 빠지지만 그녀의 아버지 남해기수는 무림의 공적이었다. 남해기수와의 격투에서 결국 서원평은 승리를 눈앞에 두고 소차차의 만류로 죽게 된다. 부부됨을 맹세하고 서원평의 무덤으로 들어가는 소차차의 애달픈 사랑은 중국판 로미오와 줄리엣인 '양산백과 축영대'와 비슷하다. 양산백의 뒤를 이어 무덤으로 들어간 축영대가 한 쌍의 나비가 되어 날아간다는 이야기는 예로부터 전해 내려오는 중국의 민간고사이다.

남녀 간의 애정 묘사, 고수들의 우정과 활약, 온갖 무술과 무공의 긴박한 속도감과 추리적 요소가 결합하여 독자들의 사랑을 많이 받았다. 머리말에 "텍사스악한의 활극이나 비틀즈의 광란에 잘못 물든 청춘세대에 남아의 기백과 용기, 의리를 보여준다"는 글로 당시 시대상을 읽을 수 있다.

요즘도 이런 소설들은 꾸준히 독자들의 사랑을 받고 있다. 헌책방을 돌아다니면 묶음으로 쌓여있는 무협소설들을 볼 수 있다. 무협소설들이 아직까지도 꾸준히 읽히는 이유는 역사적 배경지식을 충족시킬 수 있고, 흥미도 있기 때문이 아닌가 생각된다. 그의 청소년기는 색다른 것에 호기심이 많은 시기이기도 했다. 보통의 것과 다른 특색이 있는 색다름은 한창 성장할 시기에 겪어볼만하지 않는가.

학창시절의
밑줄 흔적

짐을 정리하다 발견한 〈수학의 정석〉과 〈성문 종합영어〉를 보고 그
는 잠시 학창시절로 돌아가 보았다. 결혼 전 짐을 옮기고 나서 오랜만
에 찾은 그의 방이다. 한때 본가에 들르면 아내와 아이들과 잠을 자곤
했던 방이지만 지금은 결혼한 누이 방에서 묵다보니 아예 골방이 되
어버렸다.

서랍 안에는 군대수첩과 학생증, 필기구들이 뒹굴고 있었고 이제
기억도 가물가물한 여자 친구 사진도 있었다. 결혼 전 정리를 해두었
다고 생각했는데 어디 끼워져 있었던 모양이다. 먼지를 뒤집어 쓴 〈수
학의 정석〉을 펴니 비닐커버에 '가람서점' 스티커가 아직도 선명하
다. 당시 서점에서 참고서를 구입하면 이렇게 비닐커버로 싸주곤 했

다. 교과서도 마찬가지였다. 새 학기가 시작하기 전에 교과서를 받으
면 일일이 비닐커버로 싸는 일이 그에게는 설렘이었다. 문구점에서
구입한 비닐커버를 책 크기보다 여유 있게 자른 후 손톱으로 끝부분
을 누르면서 접어야 깔끔한 모양이 나왔다. 마무리는 스카치테이프로
고정시키고 책 옆면에 이름을 새겨 넣으면 끝이었다. 책 뒤 쪽의 광고
면이 새삼스럽다.

(1) 단 한 페이지만 읽어봐도 이 책의 진가를 압니다.…(5) 특히, 매
년 학력고사에서는 거의 100% 적중률을 보이고 있습니다. (6) 24
년간 거의 모든 고교생들의 친절한 반려자가 되어왔습니다.

광고에서 말한 것처럼 그때는 '거의 모든 고교생들의 친절한 반려자'가 맞다. 당시 학생들의 수학 참고서는 〈수학의 정석〉이 유일무이했다. 학비와 생활비 마련을 위해 과외지도를 시작한 저자 홍성대는 아르바이트 학원과외를 시작하다 스스로 교재를 만들어 강의에 이용했다. 1966년 8월 31일에 초판이 발행되었으며, 지금도 같은 이름으로 발행되고 있다. 발행 첫해 3만 5,000여 권이 팔리면서 일약 베스트셀러로 부상했고 우리나라에서 '성경' 다음으로 많이 팔린 책이기도 하다. 저자인 홍성대는 자립형사립고인 상산고등학교의 설립자이기도 하다. 2014년 현재까지 4,000만 권이 넘게 팔렸다고 하니 수험생들이 있는 집에서는 필수 참고서였던 셈이다. 올해 발간 48주년이라하니 그가 이 책으로 공부를 한 후 25년이 지났다.

책꽂이에서 국사, 생물, 사회과부도 교과서도 있었다. 이걸 왜 여태까지 버리지 않고 있었는지 그도 의아하다. 책을 빼내려다 또박또박 예쁜 글씨로 필기된 복사용지를 발견했다. 물론 그의 글씨체는 아니었다. 누굴까 하는 생각에 어렴풋이 떠오르는 친구가 생각났다. 그의 고교시절은 남녀공학이었다. 남자중학교를 나온 그로서는 여학생들과 함께 수업을 하는 것이 낯설었지만 긴장감도 있고 좋았던 기억이 있다. 무엇보다 좋았던 점은 여학생들의 꼼꼼한 필기능력이다. 시험 전 여학생의 필기복사 도움으로 암기과목은 벼락치기가 가능했었다. 〈성문 종합영어〉 책에도 그의 흔적이 많이 묻어있었다. 색색의 형광펜과 볼펜으로 필기가 되어 있는 것을 보면 아마도 마음을 잡고 공부를 하고 있었던 때였을 것이다. 그는 학창시절에 거들떠보지도 않았던 머리말을 펼쳐본다.

이 한 권으로 英語를 마스터하고 試驗에 무난히 합격한다고 감히 斷言하고 싶지 않다. 그것은 책도 좋아야 하지만, 그 책을 읽는 독자의 學習能力도 건전해야 하기 때문이다. 良書를 택해 그 책의 내용과 특징을 파악하고 그것을 충분히 이해하며, 또 꾸준히 학습해 나간다면,

성공하지 못하는 것이 오히려 이상스러울 것이다...부디 英語의 바른 길(正道)를 따라 꾸준히 공부하여 英語實力이 向上되기를 바란다.

'정석(定石)과 정도(正道)', 그는 학창시절 공부를 하면서 '정해진 방식' 대로 하면 해답이 있었고 '바른 길'로 갈 수 있다고 생각했었다. 그는 1992년 12월 13일 학력고사를 치르고 대학생이 되었고, 이 해를 마지막으로 '학력고사'가 폐지되었다. 그는 1974년생, 93학번, 마지막 학력고사 세대이다.

1969년부터 대학입학예비고사가 실시되었다. 본고사보다 앞서 보는 시험이라고 해서 예비고사란 이름이 붙었다. 예비고사에서 일정선의 커트라인을 통과해야 대학에 지원해 본고사를 치를 수 있었다. 유명사찰에서는 시험을 앞두고 자녀의 합격을 비는 학부모들의 간절한 기원이 이어지기도 했다. 그리고 입시장 교문 앞에 학부모들이 기도를 하거나 교문에 엿을 붙이는 진풍경이 벌어진 것은 아마 70년대부터였을 것이다. 당시에는 고교 입시 경쟁도 치열했다. 지금에야 고교 평준화 되어서 근거리 위주로 학교가 배정되지만 그 당시에는 시험을 통과해야 자신이 원하는 고등학교에 입학할 수 있었다.

1980년 들어서 '7.30 교육개혁' 조치를 통해 과외는 금지되었으며 대학 자체적으로 실시하는 본고사를 없애고 학력고사 시대가 시작된다. 이후 1988년부터는 '선지원 후시험' 방식으로 바뀌면서 미달된 대학과 학과에 막판에 지원하는 소위 '눈치작전'이 벌어졌다. 인문계와 자연계로 나뉘어 교차지원은 할 수 없었고 고등학교 3학년 때 치르는 몇 번의 모의고사 성적을 평균 내어서 그에 맞는 대학, 학과로 입시원서를 냈다. 전기대학에 떨어지면 재수를 하거나 후기대학을 지원하면 되었다. 주변에 재수생도 많았지만 삼수, 사수생도 흔한 시절이었다. 선지원, 후시험 제도였기에 혹 학력고사 성적이 결과적으로 좋아도 이미 지원되어 있는 학교로 갈 수밖에 없는 제도였다.

1994년부터 대학수학능력시험 세대가 시작된다. 학력고사가 과목별 지식을 측정했다면 수능 시험은 통합적 사고력을 측정하는 것으로 미국의 SAT를 모델로 만들어졌다. 처음 치렀던 94년도 수능시험은 2번 치러졌고 다음해부터 1회로 돌아갔다. 최근에는 수능시험이 수시평가, 입학사정관제 도입 등으로 인해 절대적인 영향력이 줄어들었으나 여전히 수능시험은 전 국민적 관심사인 것만은 사실이다.

그의 고등학교 3학년 시절. 담임은 재수를 하면 수능을 준비해왔던 고등 2학년 아이들과 경쟁에서 불리하다고 강조했었다. 다행히 그는 안전하게 하향지원을 택해서 무사히 대학에 입학했다.

'저, 마지막 학력고사 세대에요.'

선배들이 학번이나 나이를 물으면 그가 자조적으로 내뱉는 말이다. 누군가는 저주받는 세대라고도 했다. 군복무를 마치고 학교로 돌아갈 즈음에 IMF 사태가 터졌다. 열심히 하면 스스로 먹고 사는 데는 큰 지장이 없다고 믿어 왔는데 개인이 아무리 노력해도 안 되는 국가부도 사태에 직면한 것이다. 직장생활을 하고 있던 선배들의 실직 소식에 우울했던 나날들을 보냈다. 그래도 그는 운 좋게 입사를 할 수 있었고 직장생활을 하면서 학자금 융자를 갚았다. 결혼을 할 때가 되자 집값이 너무 비쌌다. 처음에 전세로 시작을 했다. 아이가 둘이 되자 빚을 내어 집을 마련했고 지금은 허덕허덕 빚에 쫓기면서 살고 있다. 그는 계층 상승을 꿈꾸어 본 적도 없고 인생역전을 원하지도 않는다. 그저 네 식구가 부유하지는 않더라도 궁핍하지 않게 살았으면 좋겠다는 거다. 지금 중년의 직장인이지만 언제 어떻게 될지 모르는 불안한 자리에서 하루하루를 살고 있다.

'공부만 열심히 하면 잘 살 수 있다고 생각했는데…'

한때 X세대였던 그는 하염없이 옛 교과서와 참고서들을 바라보다 다시금 마음을 고쳐 잡는다. 그래도 그의 인생에서 가장 열심히 밑줄을 쳐가면서 공부했던 시절이었기에 현재가 있는 게 아닌가 생각을 하며 골방을 나왔다.

자기로부터의
혁명, 명상서적

'태어나지 않았고 죽지 않았다. 다만 지구라는 행성을 다녀갔을 뿐
이다'

오쇼 라즈니쉬의 묘비명이다. 이 글을 보면 뭔가 삶과 죽음을 떠나
이분법적인 세상을 초월한 듯 보인다. 그가 학창시절에 읽은 라즈니
쉬의 책들도 그러했다. 그는 친구의 권유로 라즈니쉬와 크리슈나무르
티의 책을 보았다. 그가 열심히 이런 책들을 읽은 이유는 순전히 친구
때문이다. 그 친구와 친해지고 싶었고 그러기 위해서는 그녀가 즐겨
읽는 책을 통해 대화를 하고 싶었다. 눈빛을 반짝이며 흥분된 목소리
로 말을 하던 그녀의 모습을 그는 잊지 못한다.

"난 라즈니쉬를 사랑해. 정말 섹시하지 않니?"

요즘이야 흔한 말이지만 당시 그녀가 말한 '섹시'라는 단어는 그에게 너무도 생경한 단어였다. 책표지에 있는 라즈니쉬 모습은 지저분한 수염과 흰 머리가 엉켜있는 할아버지의 모습이었기 때문이다. 그녀는 다른 아이들과 달리 독특한 세계를 갖고 있었고 남들과도 잘 어울리지 않는 친구였다. 아이들이 하이틴 로맨스 등에 탐독해 있을 때 그 친구는 그가 알지도 못하는 철학적인 책들을 읽었고, 하는 말도 뭔가 세상을 초월한 듯 보였다. 당시에 읽었던 책들은 〈사하라의 노래〉, 〈삶의 길, 흰구름의 길〉, 〈길 없는 길〉 등의 책이었던 것으로 기억된다.

"나는 다른 것은 몰라도 배꼽이 없이는 살 수가 없어."

거기에 있던 친구들이 모두 이상하게 생각했다…

"나는 휴일이면 침대에 편히 누워서 감자를 먹는다네."…

"그런데 그것이 배꼽과 무슨 관계가 있는가? 감자야 누구든 먹을 수 있는 거 아닌가?"

"이해들 못 하는군. 배꼽이 없으면 소금 놓을 곳이 없어진단 말일세."

오쇼 라즈니쉬의 〈배꼽〉에 나오는 구절이다. 물론 〈배꼽〉은 그의 학창시절에 출간된 책은 아니다. 〈배꼽〉은 90년대 초반 베스트셀러 1위에 든 책이기도 하다. 이런 선문답 같은 이야기 같지만 사람들이 집착하고 있는 것들이 다 어리석은 것이라고 라즈니쉬는 말한다. 라즈니쉬는 내면의식 이외에는 모든 것이 다 버려질 수 있다고 하면서도 그것을 다

버리라고 말하는 것은 아니라고 한다. 라즈니쉬는 이렇게 말한다.

"그대는 이 세상에서 살아야 한다. 그러나 또 모든 것을 비운 상태에서 살아야 한다."

정말 버릴 수 없는 가장 본질적인 것이 무엇인가에 대해 토의를 하다 친구들은 어머니, 아내, 집, 농장이라고 말하지만 나스루딘의 말은 생뚱맞기까지 하다. 누워서 감자를 먹을 때 배꼽이 없으면 소금을 놓을 자리가 없듯이 배꼽은 버릴 수 없는 본질적인 것을 의미한다.

또 그 친구는 크리슈나무르티의 〈자기로부터의 혁명〉도 권했다. 라즈니쉬보다는 좀 더 지적이고 철학적인 것 같았지만 사실 그가 소화하기에는 어려운 것이 사실이었다. 영국의 과학자이자 선(禪)의 연구가로서 이름이 높은 로버트 파웰은 〈선과 참된 실제(Zen and Reality)〉,

1961)라는 책에서 '크리슈나무르티가 심리의 영역에서 이루어 놓은 업적은 물리학에 있어 아인슈타인이 이룬 혁명에 필적한다고 할 수 있다.' 라고까지 칭송하기도 했다.

그가 소장하고 있는 책은 범우사에서 나온 3권짜리 책이 아니라 대우출판공사에서 나온 〈자기로부터 혁명〉이란 한 권짜리 책이다. 제1부는 '당신으로부터의 혁명', 제2부는 크리슈나무르티와의 대화 편으로 '삶과 죽음과 영원에 대하여'로 구성되어 있다. 책을 펴면 '먼저 하고 싶은 말'에 이런 글귀가 보인다.

혁명은 지금 이루어지는 것이지 내일 이루어지는 것이 아니다.

여기서 말하는 혁명이란 제목에서 의미하는 '자기로부터'일 것이다. 크리슈나무르티는 '나'와 '타인'의 관계가 사회를 만들고 있는 이상, 근본적으로 '나'를 변화하지 않으면 사회의 본질적 기능의 변화도 있을 수 없다고 말한다. 크리슈나무르티는 '나'와 '당신'과의 관계에서 나 자신을 이해하는 것이 중요하고, 그러기 위해서는 '시간'이 필요 없다고 강조한다. 이해하는 것은 지금 이루어지는 것이지 내일 이루어지는 것이 아니라고 한다. '내일'이라는 말은 태만하고 우둔한 것이라며 어떤 것에 흥미를 가졌을 때, 내일로 미루지 말고 즉석에서 하라고 말한다. 결국 진리의 열쇠는 자신의 내부에 존재한다는 말이다. 그러기에 자기응시를 통한 인식만이 시공을 초월하는 불멸의 진리에 접근할 수 있는 방법임을 일깨워주고 있다.

크라슈나무르티는 〈조화로운 삶〉을 저자인 스코트 니어링의 부인 헬렌과 인연이 있다. 헬렌은 〈아름다운 삶, 사랑 그리고 마무리〉에서 젊은 시절 크라슈나무르티와 6년 동안의 만남을 언급하면서 서로 나눈 편지 몇 편도 공개했다. 이 책에서 헬렌은 "그 사람은 특별한 사람이었으며, 그 사람을 알게 된 것을 특권이라고 생각한다."라고 말했다.

크라슈나무르티가 나를 처음 만났을 때, 그 사람은 가식이 없고 순수했으며 정열로 끓어오르는 새로운 감정에 압도되어 있었다. 그 사람이 개인 간의 애정을 비판하고 대수롭지 않은 것으로 말하게 된 뒷날 그를 따르게 된 사람들은 그 무렵 이 가냘픈 여자애에게 품었던 그 사람의 강렬한 감정을 알면 놀랄 것이다.

〈아름다운 삶, 사랑 그리고 마무리〉에서는 헬렌과 젊은 시절의 크라슈나무르티가 함께 찍은 사진도 실려 있다. 그가 학창시절 보았던 모습과는 다른 풋풋한 젊은 청년의 모습이다.

책을 살펴보다 갑자기 그 친구는 어떻게 살지 궁금해졌다. 그보다 이런 종류들의 책들을 많이 섭렵한 친구였고 좀 독특한 친구였기 때문이다. 그 친구는 가끔 엉뚱한 질문을 해서 그를 당황하게도 했다. 그의 인생에서 정신과 마음의 성숙함에 대한 호기심을 처음으로 불러일으킨 친구이기도 하다. 그 친구는 지금 어떤 책의 세계에 빠져있을까.

서촌 나들이를 하다 쉴 겸 대오서점에서 그는 잠시 쉬기로 했다. 지금은 헌책이 있는 카페라는 표현이 정확하다. 입구에는 할머니 한 분이 서 계셨다. 카페 손님은 그냥 들어갈 수 있지만 그냥 구경삼아 방문하는 사람들에게는 엽서 값으로 천 원을 받고 있었다. 아무래도 많은 방문자수를 제한하기 위해서는 그럴 수밖에 없었을 것이다. 드라마의 배경이 되었다고 해서 하루에도 방문하는 사람들이 꽤 많았으니 방문객들을 모두 받는다면 카페 분위기는 산만할 수밖에 없다. 마루는 카페로 운영하는데 방문자와는 구분한다. 헌책이 팔리지 않는 현실에서 옛 추억 타령을 하는 것은 의미가 없다는 생각을 하며 그는 커피 한 잔을 시켰다. 빵까지 곁들여 나와 허기를 달랠 수 있었다.

　카페 카운터는 할머니 손주가 보고 있었다. 그가 이것저것을 물어
보니 친절하게 일러주었다. 18년 전 조부가 사망한 후 할머니와 어머
니가 서점을 운영했다고 한다. 손주는 유학 후 우리나라에 돌아온 지
몇 개월 되지 않았다며 당분간은 카페를 도와드리기로 했다고 한다.
헌책 몇 권이라도 건질 게 없을까 둘러보았으나 그가 찾는 책들은 없
었다. 대오서점을 나와 그는 윤동주 문학관까지 걸어가 보기로 작정
하고 발걸음을 옮겼다.

　수성동계곡으로 가는 길에 '윤동주 하숙집 터'가 나온다. 지금은

현대식 주택으로 바뀌었지만, 1940년대 연희전문학교(현 연세대학교)에 재학 중이던 윤동주가 머물던 곳이다. 이곳에서 시인은 〈별 헤는 밤〉, 〈자화상〉, 〈또 다른 고향〉등 지금까지도 사랑받는 대표작들을 썼다. 아쉽게도 집의 원형은 남아있지 않지만 청운동 윤동주 문학관에서 시인의 흔적을 만나볼 수 있었다.

윤동주 문학관의 특징은 기존의 물탱크 저장소를 폐기하지 않고 원형을 살려서 공간을 활용했다는 점이다. 그가 윤동주 시인의 시 중에서 가장 좋아하는 시는 〈자화상〉이다. 윤동주 문학관은 이 시를 모티프로 지어졌다고 한다. 이 건물은 2014년 서울시 건축상 대상에 선정되기도 했는데 열림과 닫힘, 옛것과 새것, 빛과 공간이라는 건축의 기본 명제를 정교하게 재구성한 작품이라고 평가했다. 실제로 제2전시실은 '열린 우물'을, 제3전시실은 '닫힌 우물'을 상징하는데, 바로 〈자화상〉에 나오는 시어인 '우물'에서 모티프를 얻은 것이다.

산모퉁이를 돌아 논가 외딴 우물을 홀로 찾아가선
가만히 들여다봅니다.
우물 속에는 달이 밝고 구름이 흐르고 하늘이 펼치고
파아란 바람이 불고
가을이 있습니다.
그리고 한 사나이가 있습니다.
어쩐지 그 사나이가 미워져 돌아갑니다.

돌아가다 생각하니 그 사나이가 가엾어집니다.

도로 가 들여다보니

사나이는 그대로 있습니다.

다시 그 사나이가 미워져 돌아갑니다.

돌아가다 생각하니 그 사나이가 그리워집니다.

우물 속에는 달이 밝고 구름이 흐르고

하늘이 펼치고 파아란 바람이 불고

가을이 있고 추억처럼 사나이가 있습니다.

어린 시절 그는 그저 시가 좋아서 아무 생각 없이 그냥 읽고 그냥 썼다. 그러다 처음으로 시에 대해 고민을 할 때 그의 눈에 들어온 시들 중의 하나가 바로 〈자화상〉이었다. 우물을 들여다보는 사나이의 슬픈 눈과 뒤돌아설 때의 쓸쓸한 뒷모습이 떠오르는 시였다. 그리고 우물 속에 담긴 시간과 가을의 풍경이 그의 가슴을 울렸었다. 어떻게 보면 이 시에는 고흐의 〈밀짚모자를 쓴 자화상〉이 보이기도 했다. 고흐는 자신의 여동생에게 보낸 편지에 이렇게 적는다.

"나는 사진가가 포착한 사진 속 내 모습보다 더 심도 있는 나의 초상을 탐구하는 중이다."

〈자화상〉의 사나이가 성찰과 탐구가 화가의 자화상과 다르지 않을 것이라고 그는 생각한다. 또 밀짚모자와 베이지 색의 배경, 푸른 붓터치에서 가을 냄새가 나는 것 같았다. 우물을 들여다보는 시적 화자의 얼굴에서 퀭한 고흐의 눈과 푹 꺼진 볼이 떠오르지 않는가.

윤동주 시인의 마지막 작품은 1942년에 쓴 〈쉽게 씌여진 시〉이다.

(…)
인생은 살기 어렵다는데
시가 이렇게 쉽게 씌여지는 것은
부끄러운 일이다.

육첩방(六疊房)은 남의 나라
창 밖에 밤비가 속살거리는데,

등불을 밝혀 어둠을 조금 내몰고,
시대처럼 올 아침을 기다리는 최후의 나.

나는 나에게 작은 손을 내밀어
눈물과 위안으로 잡는 최초의 악수(握手).

윤동주 문학관에서 그가 본 〈쉽게 씌여진 시〉의 육필원고는 고친 흔적이 없이 깨끗했다. 실제로 윤동주는 시를 원고지에서 고치는 일이 별로 없었다고 한다. 한편의 시를 쓰기까지 몇 주일, 몇 달 동안을 마음속에서 고민하다가 비로소 완성했다는 것이다. 결코 윤동주는 시를 쉽게 쓰지 않았고, 그 시대의 시인들은 시를 쉽게 쓸 수 없었다. 식민지 지식인의 나약한 모습을 부끄럽게 여기면서도 마지막 구절에서는, 새로운 길을 모색하기 위한 노력을 포기하지 않겠다는 시인의 의지가 엿보이는 작품이다. 이 시를 보면 그는 김수영의 〈눈〉이라는 시가 떠오른다.

눈은 살아 있다
떨어진 눈은 살아 있다
마당 위에 떨어진 눈은 살아 있다 (…)

눈은 살아있다
죽음을 잃어버린 영혼과 육체를 위하여
눈은 새벽이 지나도록 살아있다

기침을 하자
젊은 시인이여 기침을 하자
눈을 바라보며
밤새도록 고인 가슴의 가래라도
마음껏 뱉자

눈은 순수함과 생명력을 상징한다. 하늘에서 떨어져 마당 위에 살

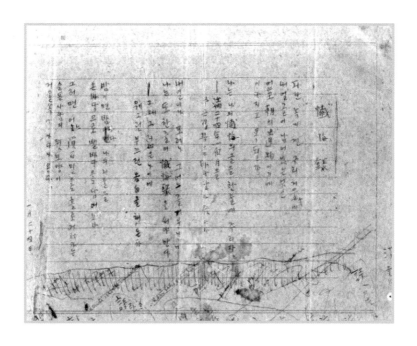

포시 앉아서 정지해 있더라도 그 눈은 아직 죽지 않았다. 기침을 한다는 것은 그 순수한 눈을 통해 자기정화를 한다는 의미가 아닐까. 화자는 눈과 함께 깨끗해지고 싶다고, 살아있다고 소리치고 싶은 것이다. 밤새도록 고인 가슴의 가래라도 마음껏 뱉고자 하는 것은 불의에 대한 몸부림일 수도 있다. 떨어져 바로 죽지 않고 새벽까지 살아있는 눈처럼 살아서 저항하겠다고 외치고 있는 것이다.

다시 생각나는
동화

헌책방을 둘러보다 낯익은 책표지가 그의 눈에 보였다. 바로 〈꼬마 니꼴라〉였다. 어린 시절의 꿈과 향수를 자아내게 하는 르네 고시니의 글도 좋았지만 이 책을 보게 된 가장 큰 이유는 장 자크 상페의 삽화 때문이었다. 유쾌한 이야기들로 입가에 미소가 지어지는 책이었다.

말썽쟁이 니꼴라의 행동은 그의 유년시절과 크게 다르지 않았다. 이발소에 놀러가서 장난을 친 아이들 때문에 이발사가 실수로 손님의 얼굴에 상처를 내게 만들기도 하고, 학교에 라디오 방송 제작진이 찾아왔을 때 너무 떠들어서 그만 편성된 방송을 취소하고 임시 방송을 내보내게 만들기도 한다. 아이들의 장난도 재미있었지만 우리 때와 다르지 않았던 학교의 모습 때문에 공감이 갔다. 말을 안 듣는 아이들

에게 상냥하게 넘어가는 듯하면서도 기습적으로 숙제를 내주는 선생님의 모습도 비슷했다. 우리보다 선진적일 것 같았던 프랑스의 교육 현실도 우리와 다르지 않음을 느낄 수 있었다.

담임 선생님이 무척 상기된 얼굴로 교실에 들어왔다.

"우리 학교에 장학사 선생님이 오실 거야. 너희들이 착하고 얌전하게 굴어서 그분한테 좋은 인상을 심어줄 거라고 기대해도 되겠지?"

장학사가 오기 전, 학교는 대청소로 복닥거렸다. 1년에 한 번 하는 환경미화도 그즈음에 맞춰서 했고 유리창도 반짝일 정도로 닦았다. 나무로 된 복도바닥은 반질반질하게 왁스칠을 해야 했다. 복도에 아이들이 일렬로 앉아서 선생님의 지시에 따라 걸레질을 했는데 여럿이 함께 했기 때문에 청소라기보다 일종의 놀이처럼 느껴지기도 했다. 엉덩이를 하늘로 향한 채 걸레를 두 팔로 쭉 밀어나가는 우스꽝스런 모습 때문에 서로 낄낄대기도 했다. 왁스칠을 한 복도는 걸어 다닐 때 조심해야 했지만 미끄럼을 타는 즐거움도 있었다.

니꼴라는 다 큰 소년이라는 말을 듣기 가장 싫어한다. 왜냐하면 보통 어른들은 니콜라가 귀찮아하는 일을 시킬 때 그런 말을 먼저 꺼내기 때문이다. 아이들이라면 이 구절을 읽고 정말 공감했을 것이다. 이런 악동도 조금씩 저금한 돈으로 엄마 생일 선물로 꽃다발을 산다. 돌아오는 길 친구들을 만나 장난을 치다 결국은 망가져서 너덜너덜해진 꽃다발로 집에 도착해서 생일 축하한다는 말을 하면서 울어버린 니꼴라를 어찌 사랑하지 않을 수 있겠는가. 이 책은 시리즈로 나오기도 했는데 아직까지도 꾸준히 사랑을 받고 있는 책이다.

〈모모〉는 〈꼬마 니꼴라〉와 내용적으로 어떤 연관성은 전혀 없지만 중학생 시절 읽은 책 중의 하나이다. 〈모모〉는 교탁 위에서 진지한 표정으로 책을 권한 선생님 때문에 읽었던 책이었다. 심지어 도서관 대출하기도 힘들었던 책이기도 했다. 1970년대에 발표한 책이지만 비룡

소에서 1999년 재출간되기도 했다. 어린 시절 남다르게 읽었던 책들이 요즘도 청소년추천도서목록에 늘 빠지지 않았기에 반가웠다. 그러나 이 책이 다시 유명해진 이유는 2005년 〈내 이름은 김삼순〉이라는 드라마 때문이었다. 주인공 삼순이와 삼식이의 애정을 확인하기 위한 소재거리로 몇 차례 등장했는데, 드라마 이후 7월 한 달 동안의 판매부수가 7년 동안 팔린 것과 맞먹을 정도로 인기가 좋았다고 한다.

어느 쇄락한 도시에서 살고 있는 모모의 모습은 강렬했다. 작은 키에 말라깽이, 칠흑같이 새까만 고수머리는 한 번도 빗질이나 가위질을 한 적이 없는 듯 뒤엉켜 있었다. 새까만 맨발, 낡아빠진 헐렁한 남자 웃옷을 걸친 모습이다. 그러나 그는 이런 모모의 모습에 호기심을 느꼈다. 겉모습은 그러할지라도 커다랗고 예쁜 까만 눈에 매력을 느꼈기 때문이다. 다른 사람의 말을 진정으로 귀를 기울여 들어 주는 모모와 마을사람들 앞에 시간저축은행에서 나온 회색신사들이 나타나면서 사건은 갈등으로 접어들게 된다. 도시에는 '시간 절약' 을 시작한 사람들이 날마다 늘어났다. 돈을 더 많이 벌었지만 사람들의 얼굴은 행복하지 않았다.

하지만 시간을 아끼는 사이에 실제로는 전혀 다른 것을 아끼고 있다는 사실을 눈치 챈 사람은 아무도 없는 것 같았다. 아무도 자신의 삶이 점점 반곤해지고, 획일화되고, 차가워지고 있다는 것을 알아차리지 못했다.

시간도둑들로부터 무사히 탈출한 모모는 다시 옛 원형극장 터로 돌아오나 도시 사람들은 예전의 그 사람들이 아니었다. 시간도둑에게 유린된 삶을 풍요 속의 궁핍을 살고 있었다. 친구들을 잃은 모모는 외로움을 느낀다. 이 세상에는 다른 사람과 나눌 수 없으면 그것을 소유함으로써 파멸에 이르는 그런 보물이 있다는 사실을 모모는 깨닫는다. 모모는 거북의 도움으로 다시 호로 박사에게 돌아올 수 있었다.
"느리게 갈수록 더 빠른 거야."
거북은 아까보다도 더욱 느릿느릿 기어갔다. 전에도 그랬듯이 모모는 느리게 감으로써 더 빨리 앞으로 나갈 수 있다는 것을 깨달았다. 마치 발밑의 거리가 스스로 미끄러져 나가는 것 같았다.
느린 거북의 존재는 오히려 바쁜 현대인들의 삶과 대비된다. '느리게 갈수록 더 빠르게 갈 수 있다' 는 것이 시간의 비밀이었다. 결국 호로 박사는 단 한 송이밖에 남지 않은 시간의 꽃을 모모에게 준다. 이 세상에 시간이 전부 멈추어도 모모는 한 시간을 갖게 되는 거다. 그 시간 안에 시간 도둑들로부터 그들이 저장해 놓은 시간을 되찾아야만 한다. 모모의 시간의 꽃은 이젠 꽃잎이 단 한 장밖에 남지 않았다. 마지막 문을 건드리자 눈앞에는 수많은 시간의 꽃들이 끝이 안 보이는 기다란 선반에 가지런히 세워져 있었다. 하지만 똑같은 꽃은 하나도 없었다. 시간은 그 쓰임에 따라 다를 수밖에 없기 때문이라고 그는 생각했다. 모모가 들고 있던 마지막 꽃잎이 떨어지면서 폭풍이 일었다. 풀려난 시간들이 일으킨 바람이었다. 세찬 폭풍 때문에 모모는 날 수 있었다. 엄청난 꽃구름들이 떨어지자 멈추었던 도시는 다시 활기를 띠고 움직이기 시작했다.

이 세상이 한 시간 동안 멈춰 서 있었던 것을 눈치 챈 사람은 아무도 없었다. 실제로 시간이 정지했다가 다시 움직이기까지 시간은 전혀 흐르지 않았기 때문이다. 사람들은 그 사이 눈을 한 번 깜빡였다고 생각했다. 하지만 전과 달라진 것이 있었다. 별안간 모든 사람들이 한없이 시간이 많아진 것이다.

시간은 원래의 상태로 돌아온 것이다. 그러나 사람들은 자신들이 아낀 시간의 결과물이라는 것을 알지 못했다. 처음 시간도둑들로부터 빼앗긴 시간을 되찾은 것임에도 말이다. 〈모모〉의 줄거리는 단 한 줄로 정리될 수 있다. '시간을 훔치는 도둑과, 그 도둑이 훔쳐간 시간을 찾아 주는 한 소녀에 대한 이상한 이야기'라는 부제가 전부다. 그러나 그 시간을 되찾는 과정에서 묘사한 환상적인 내용과 깊이 있는 주제에 독자들은 빠질 수밖에 없다. 그는 책을 덮고 다시 〈모모〉 첫 장으로 돌아가 보았다. 작가가 책의 첫 장에 옛 아일랜드 동요를 인용한 의미가 다시 절실하게 다가왔기 때문이다.

어둠 속에서 비쳐오는 너의 빛
어디서 오는지 나는 모르네
바로 곁에 있는 듯, 아스라이 먼 듯
언제나 비추건만
나는 네 이름을 모르네
꺼질 듯 꺼질 듯 아련히 빛나는 작은 별아

동요에 나오는 빛은 바로 우리 가까이 있는, 언제나 존재하는 시간이다. 그러나 그는 이 책을 읽은 지 몇 십 년이 지나도, 몇 번을 반복해서 읽어도 아직도 깨달음을 얻고 있지 못한 상태다. 작가 마하엘 엔데는 후기에 이런 말을 썼다.

"나는 이 모든 일이 이미 일어난 일인 듯 얘기했습니다. 하지만 나는 이 일이 앞으로 일어날 일인 듯 얘기할 수도 있습니다. 내게는 그래도 큰 차이가 없습니다."

미하엘 엔데의 예상은 적중했다. 시간도둑들은 이 책이 발표된
1970년대보다 더 치밀해졌으며 더 교묘해졌다. 그 시간의 굴레에서
벗어나기는 점점 힘들어진 것이다. 여전히, 아니 오히려 더 현대인들
은 시간과 돈의 노예굴레에서 벗어나고 있지 못하고 있다.

노벨문학상
작품집

"너 〈백 년 동안의 고독〉이
란 작품 읽어 보았어?"

노벨상 수상 작가 가브리엘
가르시아 마르케스가 87세를
일기로 세상을 떠났다는 뉴스
를 접하자 잊었던 기억들이 떠
올랐다.

그가 중학생일 때였나 싶다.
당시 노벨문학상 수상작에 대
한 붐이 일었을 때였다. 문예반

친구들이 지적허영심을 마구 드러내고 있을 때였다. 그도 책읽기를 시도를 해보았으나 도대체가 재미가 없었다. 그가 읽기에는 어렵고 버거운 주제였던 셈이다. 책 두께도 만만하지 않았고 등장인물도 많았다. 세계사, 특히 라틴아메리카의 식민지배의 역사를 알지 못했던 중학생이 읽기에는 무리였던 책이었다.

작가가 어른들에게서 어릴 적부터 들어온 이야기를 바탕으로 쓴 이 소설은 그가 태어난 이듬해 고향의 바나나 농장에서 실제로 일어난 최악의 노동자 학살사건을 다뤘다. 박경리의 〈토지〉처럼 백 년 동안 이어져 내려오는 한 가문의 흥망을 그리고 있다. 애정 결핍으로 인한 인간의 고독, 물질과 허영만을 추구하는 곳에는 행복이 없다는 사실을 한 가족사를 통해 그려내고 있다.

라틴아메리카 역사의 현실성과 토착신화의 상상력을 결합한 '마술적 리얼리즘'이라는 독특한 소설 미학을 일구어냈다고 평가하고 있다. 마술적 리얼리즘이란 용어를 처음으로 쓴 사람은 독일의 미술 평론가 프란츠 로(Franz Roh)다. 국학자료원에 펴낸 〈문학비평용어사전〉에 의하면 당대 독일 화가들의 작품에서 어떤 초현실주의적 경향들을 지칭하는 것으로 사용되었다고 한다. 주로 특정한 종류의 허구들을 지칭하는 데 사용되는데 문학에 있어서 이 용어가 활발하게 사용된 것은 주로 라틴아메리카의 문학 경향을 설명하기 위해서다.

대체로 환상성이 짙게 드러나면서도 현실성이 느껴지기도 하는 특징이 있다. 공중부양, 4년 11개월 이틀 동안 쉬지 않고 내리는 비, 항상 노란 나비 떼를 몰고 다니는 인물 등 초현실적인 장면이 등장하면서도 그 어떤 전통적 리얼리즘보다도 더 사실적이기도 하다. 군대가 수천 명의 노동자들을 학살해 그들의 시체를 화물 열차에 실어 바다에 던져버리는 장면이 그 예일 것이다. 우리 문학에서는 1990년대 이후 포스트모더니즘 논의와 더불어 관심의 대상이 되었는데 대표적인 작품으로는 김영하의 〈검은꽃〉이나 황석영의 〈손님〉 등을 들고 있다. 1967년 발표한 이 소설은 출간되자마자 라틴아메리카는 물론 세계 수백만 독자들로부터 열광적인 환호를 받았다. 1982년 마르케스가 노벨 문학상을 수상하자 수상작을 미리 출간하려는 출판사의 경쟁이 치열해지기도 했다고 한다.

문예반 친구의 영향 때문인지 몰라도 그 후 책꽂이에 꽂혀있는 아주 낡은 책을 그는 유심히 보게 되었다. 제목은 〈이반 데니소비치의 하루〉이다. 다른 무엇보다 '1970년도 노벨 문학상수상작'이라는 단어 때문에 보게 된 책이다. 1970년 10월 25일에 인창서관에서 발행되었으니 아마도 이 책이 그가 소장하고 있는 가장 오래된 책일 것이다. 책 뒤쪽에는 이 책의 작가 솔제니친이 당시 소련작가동맹회의에 보낸 편지의 일부가 인용되어 있다.

나는 명백한 양심을 갖고 있습니다. 어떤 환경에서도 작가로서 나의 의무를 완성했고 내가 살아서 할 수 있는 것보다도 죽어있을 때 그것을 더욱 성공적으로 완성할 수 있기 때문입니다. 아무도 진리의 길을 막을 수 없습니다. 나는 그 움직임을 위해 죽음을 받아드릴 용의를 갖고 있습니다.

로마병사들의 감시 하에 두 팔이 늘어진 채 쓰러진 벌거벗은 예수를 사람들이 옮기는 장면의 그림이 있는 표지는 강렬했다. 아마도 예수의 그림과 묘하게 연결되는 '죽음', '진리' 라는 단어 때문일 것이다. 이 책은 1951년 스탈린의 강제노동수용소로 보내진 한 수감자의 3,653일간 유형생활 중 하루를 묘사한 작품이다. 평범한 농부였던 이반 데니소비치 쉬호프는 2차 대전에 참전했다 독일군 포로가 된다. 전쟁이 끝나고 풀려났지만 그는 독일 스파이라는 누명을 쓰고 수감된다. 쉬호프는 오늘 하루 좋은 일이 많이 있었다며 매우 만족한 기분으로 잠을 청한다. 영창에도 들어가지 않았고, 점심을 곱빼기로 얻어먹기도 했으며 작업량도 적당했기 때문이다.

우울하고 불쾌한 일이 하나도 없는 매우 행복스럽기까지 한 하루였다.
이처럼 쉬호프는 자기의 형기가 시작된 날부터 끝나는 날까지 만 10년 동안을 三천 六백 五三일을 하루같이 보냈다. 사흘이 더 한 것은 그 사이에 윤년이 끼었기 때문이었다.

쉬호프는 수용소의 비인간적인 처우에 저항하지도 않고, 탈출 같은 것은 꿈도 꾸지 않는다. 이 과정을 솔제니친은 매우 담담하게 그려내고 있다. 솔제니친은 나치군과 전투 중 아내와 친구에게 보내는 편지에서 은근히 스탈린 정책을 비방한 것이 발각되어 강제수용소와 유형지에서 11년의 지옥살이를 겪었다. 이 체험을 바탕으로 쓴 첫 작품이 결국 노벨문학상을 수상하게 된 것이다.

이 책에는 〈암병동〉이라는 작품도 함께 실려 있다. 작가가 1950년 대 말에 카자흐스탄으로 강제추방당해 말기라고 진단받았던 암을 성공적으로 치료한 경험을 바탕으로 쓴 작품이다. 암병동 환자들이 톨스토이의 〈사람은 무엇 때문에 사는가〉라는 책을 읽으며 나눈 대화들이 인상적인 작품이다. 암에 걸린 환자들에게 '사람은 무엇 때문에 사는가?'라는 물음에 대한 대답은 다양했다. 어떤 이는 먹을 것과 물건에 대해 만족하면서 사는 것이라 답하고, 어떤 이는 공기나 물 때문에 산다고 말했다. 이렇게 대답한 이도 있었다.

"그 문제에 대해서는 의심조차 있을 수 없어요. 기억하십시오. 사람은 사상성과 사회적 복지에 의해서 사는 겁니다."

'허약자'라고 불리는 사람의 말이었다. 그 허약자가 이 말을 하면서 닭다리를 오독오독 씹는 장면이 그는 왠지 슬펐다. 체제에 길들여진 허약한 지식인다운 대답 같았기 때문이다. 누군가 책에서 사랑이라고 했다고 말하자 다른 이가 톨스토이라는 작가가 그럴 리가 없다

고 항의한다. 3번이나 스탈린상을 받은 톨스토이는 낙관적인 것과 애국적인 것만을 썼다는 것이다. 이 책을 쓴 레프 톨스토이가 아니라 알렉세이 톨스토이와 헷갈린 것이다. 사람이 무엇으로 사는 가에 대한 답이 '사랑' 이라는 말에 놀란 사람들이 반응이 씁쓸했다.

옛 소련 정치체제와 타협을 거부한 솔제니친은 결국 1974년 반역죄로 추방, 미국에 머물다 소련이 붕괴하면서 1994년 러시아 시민권을 회복했다. 솔제니친이 남긴 "위대한 작가는 자신이 속한 나라에선 제2의 정부다. 그렇기 때문에 어떤 정권도 위대한 작가를 좋아한 적이 없다."라는 명언은 유명하다. 그는 서구 물질주의를 포함하여 인간을 억압하는 모든 것에 맞서 싸웠다.

노벨상은 알프레드 노벨이 1895년 남긴 자필 유언서에 근거를 두고 있다. 물리, 화학, 생리의학, 평화, 문학 등 5개 부분에 후보자의 국적은 고려되지 않고, 스칸디나비아인이든 아니든 가장 알맞은 인물이 수상되어야 한다고 명시되어 있다. 이중 문학상에 관해서는 '인류에 도움을 주고 이상주의적 경향의 훌륭한 작품을 쓴 인물' 에게 주어질 것과 스웨덴 아카데미에 의해서 선발되어야 한다고 적고 있다. 노벨문학상은 한 작품이 아닌, 작가에게 수여되는 상이다. 한 작가가 평생에 걸쳐 집필한 작품 전체에 대한 평가를 반영하는데 드물게 수상자를 발표하면서 선정사유에 특정 작품을 언급한 경우도 있다.

노벨 문학상은 1901년부터 2014년까지 총 107회에 걸쳐 111명의 수상자를 배출했다. 그런데 이를 거부한 작가도 있다. 〈닥터 지바고〉

의 작가 보리스 파스테르나크는 정치적 압력에 의해 수상이 좌절되었다. 1964년 장 폴 샤르트르는 자의에 의해 수상을 거부했는데, 대부분의 수상작이 서양에 편중된 점, 작가의 독립성 침해, 문학의 제도권 편입에 대한 반대 등을 이유로 들었다.

학창시절 이런 책들을 접할 수 있었던 것은 행운이라고 생각한다. 그 당시 내용을 다 이해한 것은 아니었으나 문학적 소양을 높이는 계기는 되었으니까 말이다. 아예 접하지 않는 것보다 한번이라도 접해 보는 것이 책읽기의 두려움에서 벗어날 수 있었던 것은 사실이었다.

너도 나도 읽은
역사소설

그의 학창시절 뜻밖에 읽은 책이 있다. 바로 〈소설 손자병법〉이다. 보통 책은 선생님들이나 선배들의 권유로 읽게 되는데 그가 이 책을 읽게 된 동기는 순전히 광고 때문이다. 서점에는 이 책 광고로 거의 도배되다시피 했고 텔레비전 광고에도 나왔다. 그의 기억에는 〈소설 손자병법〉이 단행본 역사상 최초로 텔레비전에도 광고된 책으로 알고 있다.

사실 정비석의 소설을 처음 접한 것은 〈자유부인〉이었다. 당시 도덕성 문제로 논란이 벌어지기도 하였으나 많은 독자의 열광적인 호응을 받았다고 한다. 국어 선생님은 이 소설을 퇴폐적이라는 단어를 강조하면서 〈성황당〉이란 문학성 있는 작품을 소개하기도 했었다.

　그는 두 작품 중에 갈등의 필요도 느끼지 않고 〈자유부인〉을 먼저 보았다. 여주인공이 이웃에 사는 남편의 제자와 춤바람이 난다는 설정은 어린 시절에 적잖게 충격적인 내용이었다. 그러나 이 작품은 당시 사회상의 단면을 사실적으로 파헤쳤다. 전쟁이 끝난 1954년을 전후하여 사교춤이 유행하고, 전쟁미망인이 직업전선에 진출하면서 여성들의 지위가 향상된 시대적 상황을 반영한 작품이다.

　작가는 손자병법이 단순히 병서인 줄로만 알고 있다가 쉰 살이 넘어서야 처음 원전을 읽었다고 한다. 한문의 문장이 어렵고 까다로워 그 내용을 알기가 힘들어서 해설서를 수십 권 이상 읽은 후에야 그 내용을 제대로 이해했다는 것이다. 내용은 순전히 병법에 관한 이야기 뿐이지만 내용을 자세히 분석해 보면 정치학의 교과서이자 기업경영학, 처세학의 지침서로 볼 수 있는 명저인 줄 알았다고 한다. 작가는 춘추전국시대의 명장 손무와 손빈, 오자서를 주인공으로 삼아 일반 독자를 위한 소설을 쓰게 되었다.

이 책은 1981년 〈한국경제신문〉에 연재되었던 것을 고려원에서 전 3권의 책으로 펴냈는데 1984년 출간 당시 300만부 이상이 판매돼 한국 출판 역사상 10대 베스트셀러에 꼽혔다. 이후 도서출판 은행나무에서 해설편을 첨부해서 전 4권으로 재출간 했는데 이후에도 쇄를 거듭하며 독자들의 사랑을 받았다.

"내가 만약 20년 전에 〈손자병법〉을 읽었더라면, 그렇게 무참하게 패하지는 않았을 텐데…"

제1차 세계대전에 패한 독일의 황제 빌헬름 2세가 탄식한 말이다. 나폴레옹이 이 책을 늘 곁에 두고 읽었고, 마오쩌뚱도 죽을 때까지 손에서 놓지 않았다. 손무는 승리를 아는 다섯 가지 방법을 이렇게 제시한다.

"더불어 싸울 것인가와 더불어 싸우지 않을 것인가를 아는 쪽은 승리하고, 병력의 많고 적음에 따라 용병할 줄 아는 쪽은 승리하고, 상하가 일치단결하여 함께 하고자 하는 쪽은 승리하고, 만반의 태세를 갖추고 상대의 미비함을 기다리는 쪽은 승리하고, 장수는 유능하고 군주가 간섭하지 않는 쪽은 승리한다.

이 다섯 가지는 승리를 미리 아는 방법이다. 그러므로 상대를 알고 자신을 알면 백 번 싸워도 위태하지 않으며, 상대를 알지 못하고 자신을 알면 한 번 이기고 한 번 지며, 상대를 알지 못하고 자신도 알지 못하면 싸울 때마다 반드시 패한다."

손무는 병가의 성인이란 뜻으로 '병성(兵聖)', '무성(武聖)'으로, 그의 병법은 병가의 바이블이란 뜻의 '병경(兵經)'으로 불릴 정도로 추앙받고 있는 인물이다. 〈소설 손자병법〉 '지기상합(知己相合)'편에는 손무가 오나라의 왕인 합려에게 채용될 때의 일화가 있다.

춘추시대 말기 제나라 출신의 젊은 병법가 손무가 오자서의 소개로 오나라 왕을 만나게 된다.

"그대가 쓴 열세 편의 병서는 다 읽어보았소. 어디 한번 실제로 군대를 훈련시켜 보일 수 있겠소?"

"좋습니다."

왕은 손무의 지휘 능력을 시험해 볼 생각으로 자신의 궁녀 180명을 불러내었다. 궁녀들은 마치 들놀이를 나온 듯이 화사한 궁녀복에 예쁘게 화장한 모습들이었다. 군사 훈련을 받으려 나온 것인지 분간이

안 될 정도로 시시덕거리기만 한 궁녀들을 손무는 두 편으로 나누고 왕이 아끼는 여인 두 사람을 각각 대장으로 삼았다. 그리고 전원에게 창을 들린 다음 훈시를 내린다.

"너희들은 왕을 측근에 모시는 궁녀들임을 나는 잘 알고 있다. 그러나 일단 군사 훈련을 받으려고 이 자리에 있는 이상, 이제부터 너희들은 일개의 군인일 뿐이다. 그러므로 이제부터 훈련을 받는 동안은 지휘관인 나의 명령에 절대 복종을 해야 한다. 그러지 않을 시에는 군법에 회부할 수밖에 없는데, 군법 명령 불복종자는 사형에 처하도록 되어 있다. 알겠느냐."

궁녀들이 이 말에도 조소를 멈추지 않고 수근거릴 뿐이었다. 몇 번의 군사 훈련에도 궁녀들의 자세가 바르지 않자 손무는 단단히 벼르며 행동 지침을 다시 내린다.

"내가 북을 한 번 울리면 모든 사람은 자기 편대로 열을 지어 서도록 하라. 북을 두 번 울리면 편대별로 진을 치고 전투태세를 갖추고, 세 번 울리면 모든 편대는 즉각 해산하여 이 자리에 모이도록 하라."

그러나 궁녀들은 손무의 북소리에도 우왕좌왕하면서 웃기만 할 뿐이었다. 참을 때까지 참다 화가 난 손무는 이렇게 말한다.

"명령이 분명하지 못하고, 전달이 불충분한 것은 지휘관의 죄이지만, 이미 명령이 분명히 전달되어 있는데도 병졸들이 규정대로 움직이지 않는 것은 곧 대장된 자의 죄다."

그러고는 군법대로 왕이 아끼는 좌군 대장 하빈과 우군 대장 강빈을 참수하려 했다. 그 광경을 바라보고 놀란 사람은 오왕이었다. 오왕은 자신이 아끼는 여인 두 사람이 손무의 손에 참수되려는 것에 놀란 나머지 황급히 전령을 보내어 제지하였다.

"과인은 이미 장군의 용병이 뛰어난 것인 줄 알았소. 과인에게 그 두 여인은 각별히 총애하는 아이들이니 부디 용서해 주기를 바라오."

그러나 손무는 이에 응하지 않고 냉혹했다.

"신은 이미 임금의 명을 받아 지휘관이 된 사람이오. 지휘관은 전장에 있을 때에는 임금의 명령을 받들지 않아도 상관 없는 일이오. 만약 왕명에 의해 두 여인을 용서해 준다면 어느 누가 지휘관의 명령에 복종을 할 수가 있겠소."

그리고 모든 사람들이 보는 앞에서 두 대장을 참형에 처하고야 말았다. 그 다음 왕이 사랑하는 궁녀를 뽑아 새로 대장으로 세웠다. 다시 북을 울리고 호령을 내리자 궁녀들의 행동이 놀랍도록 민첩해졌다. 북을 한 번 울리면 편대를 이루고, 두 번 울리면 포진을 갖추고, 세 번 울리면 모두 해산하여 쏜살같이 손무 앞에 모였다. 손무는 왕에게 이렇게 보고를 한다.

"부대는 이미 갖춰져 있습니다. 내려 오셔서 시험해 보십시오. 왕의 명령만 계시면, 군사들은 물과 불 속이라도 즐겨 뛰어들 것입니다."

그러나 아끼는 두 여인을 잃은 왕의 마음이 편할 리가 없다. 이때 손무는 이렇게 탄식했다.

"왕은 다만 병법에 대한 의논만을 좋아할 뿐, 병법을 실제로 사용하지는 못하겠군."

결국 왕은 오자서의 간곡한 설득으로 손무를 기용하게 된다.

이 책에서는 서시빈목(西施嚬目)과 경국지색으로 유명한 서시가 나온다. 그는 서시가 나오는 부분을 가장 흥미롭게 읽었다. 월나라의 절세미녀인 서시는 가슴앓이 병이 있어 언제나 미간을 찌푸리고 다녔다. 그 마을의 추녀가 이것을 보고 자기도 가슴에 손을 대고 미간을 찡그리며 마을을 돌아다니자 마을사람들이 도망쳤다. 추녀는 미간을 찡그린 모습이 아름답다는 것만 염두에 두었을 뿐, 서시의 찡그림이 아름다운 까닭을 알지 못했다. 이 고사는 〈장자(莊子)〉 '천운편(天運篇)'에 나오는 이야기로 외형에만 사로잡혀 본질을 꿰뚫어 볼 능력이 없는 사람을 장자가 신랄하게 풍자하는 말이다.

장자는 시대에 따라 제도나 도덕도 변해야 한다고 강조하면서, 춘추시대 말엽의 난세에 태어난 공자가 그 옛날 주왕조의 이상정치를 그대로 노나라와 위나라에 재현하려 하는 것은 마치 추녀가 서시를 무작정 흉내 내는 것과 다르지 않다고 말한 것이다. 서시효빈(西施效嚬), 서시빈목(西施嚬目), 서시봉심(西施奉心)이라는 말도 이러한 정황에서 유래되었다.

"병법이란 사람을 죽여서 승리하는 방법을 연구하는 학문이 아니라, 사람을 살려가면서 승리하는 방법을 연구하는 학문이라는 것을 알아야 하느니라."

기업가나 정치가 사회명망가들이 하나같이 감명 깊게 읽은 책들이 〈손자병법〉이라고 하고 이런 가르침대로 정치를 하고 기업을 하겠다고 한다. 그들은 아무래도 '사람을 살려가면서'가 아니라 '승리'에 초점을 맞추는 것은 아닐까 하는 생각이 문득 들었다. 그렇다면 그들이 '사람을 살리는 것'은 그냥 자신이 살기 위한 수단일 뿐일까.

성장시절, 흑백의 아련함에 미소 짓다

광주 헌책방에서 이 책을 본 순간 그는 얼른 뽑아들었다. 작가를 확인해 보았더니 톰 슐만이고, 책이 나온 시기는 영화가 상영된 후 나온 1990년이었다. 책 뒷장에는 원작자체의 의도와 성격을 최대한 살리기 위하여 톰 슐만의 시나리오를 바탕으로 번역에 충실했다고 나와 있다. 〈죽은 시인의 사회〉를 처음 접했던 것은 책이 아니라 영화였다. 월튼 아카데미 출신인 작가이자 영화감독인 톰 슐만의 작품을 영화로 만든 것이기 때문이다. 이 영화는 1990년 아카데미 최우수 각본상에 이어 영국 아카데미 최우수 작품상과 음악상을 받으면서 유명해졌다. 영화가 성공하자 이후 낸시 클라인 바움이 각색한 소설이 나오기도 했다.

책을 살펴보다 잊었던 한 문구가 떠올랐다.

"카르페 디엠!"

"오늘을 즐겨라"라는 뜻의 라틴어다. 키팅은 자기 스스로의 인생을 잊히지 않는 것으로 만들기 위해서 오늘을 즐기라고 말한다. 요즘 흔하게 듣고 있는 이 말이 사실은 어릴 적 보았던 〈죽은 시인의 사회〉에서 처음 접했다는 것을 그동안 까맣게 잊고 있었던 것이다. 자주 접했던 말이라서 별다른 감흥이 없었던 이 말의 의미를 다시 생각해 보았다.

키팅의 첫 국어수업의 시작은 평범하기 그지없었다. 학생이 낭독한 교과서 서문을 보충설명하면서 시에 대한 이해를 넓히기를 강조했다. 그러나 돌연 키팅은 고함을 치며서 엉터리, 거짓투성이의 교과서를 찢으라고 한다. 키팅은 교과서를 안 가져오면 군인이 전쟁에 총을 안 갖고 나간 것과 같다고 강조했던 학창시절의 여느 선생들과 달랐다. 운율, 비유법 등을 강조했던 학창시절의 국어수업방식과도 달랐다. 찢어 구겨진 책장 뭉치가 휴지통으로 들어갔을 때의 장면이 아직도 생생하다. 학창시절의 국어수업을 떠올리며 일종의 통쾌함과 시원함을 느꼈기 때문이었을까? 감히 교과서를 찢는다는 행위는 상상할 수도 없었다. 빼곡하게 필기된 교과서가 비에 젖어 퉁퉁 불었을 때의 속상함 따위란 별것이 아니었다.

키팅은 호이포로의 말을 인용하면서 언어나 단어에는 이 세계를 변혁시킬 수 있는 힘이 잠재되어 있다고 했다.

"사람이 시를 읽는다는 것은 그가 바로 인류의 일원이기 때문이며, 인류란 정열이 넘치는 생물이기 때문이다. 의학이나 법률, 은행업 등은 생활을 유지하기 위해 꼭 필요한 분야임이 분명하다. 그렇다면 시나 로맨스, 사랑, 아름다움은 도대체 무슨 이유로 존재하는 것인가? 시야말로 우리 인간들의 삶의 양식인 것이다!"

시인을 꿈꾸었던 그로서는 이 말이 남다르게 다가왔다.
〈죽은 시인의 사회〉는 웰튼 출신의 키팅 선생이 자신의 학창 시절

가담했던 시 낭독 비밀 조직의 이름이고, 미국 작가 헨리 데이비드 소로의 시에서 따온 말이다. 니일이 읊은 시모임의 개회선언도 소로의 시로 시작한다. 바로 소로가 숲으로 들어가기 전 〈월든〉에서 밝힌 부분이다. 그 당시에는 뭔 의미인지 모르겠지만 그저 좋았다. 비밀의 동굴, 비밀 모임에서 이보다 좋은 개회선언은 없을 거라는 생각도 했다.

"나는 숲으로 갔다. 온전히 내 뜻에 따라 살고, 삶의 본질적인 면에 부딪히고 싶었기 때문이다. 삶에서 배워야만 하는 것을 내가 배울 수 있는지 확인해 보고 싶은 마음도 있었다. 또 죽음을 맞게 됐을 때 지금껏 제대로 살지 않았다고 후회하고 싶지 않았다. 삶은 정말로 소중한 것이니깐 나는 깊이 있는 삶을 살며, 삶의 골수를 완전히 빨아먹고 싶었다."

학창시절 학교에서의 비밀의 장소가 생각이 났다. 유일한 우리들의 해방구는 점심시간의 교정이었다. 우리들이 발견한 곳은 풍성한 버드나무가 늘어져 있는 곳이었다. 그 비밀나무 안에는 낡은 의자 하나가 있었다. 그 안에 들어가면 늘어진 버드나무 가지 때문에 밖에서는 전혀 보이지 않았다.

이들의 모임이 소로의 시를 딴 이유는 가치 있는 삶을 살고 싶다는 의지이자 소망일 것이다. 〈죽은 시인의 사회〉라는 의미는 명문대 입시를 위해서 자신의 현재를 모두 내맡긴 채 억압당하던 학생들을 위한 일종의 해방구로 작용하는 중요한 단어이기도 하다. Dead Poets Society의 'Society'가 오역이라고 말하지만 원래 의도와 상관없이 '죽은 시인의 모임'보다 더 함축적인 의미로 느껴진다. 우리의 당시 학교현실을 드러내는 말이기 때문이다. 아직도 학교의 현실은 이 사회 속에서 현재진행형이다.

그는 '참교육 1세대'이다. 그가 고등학생이었던 때 참교육 깃발을 든 전교조 교사들은 대량 해직됐다. 우리는 해직된 교사들을 보며 서명운동을 했고 리본을 달고 〈참교육의 함성으로〉라는 노래를 불렀었다.

'굴종의 삶을 떨쳐 반교육의 벽 부수고
침묵의 교단을 딛고서 참교육 외치니'

마지막 구절이 '민족 민주 인간화 교육 만만세'라고 끝나는 노래를 큰소리로 부르면서 가슴 벅차기도 했다. 노동자들이 만든다는 노조를 선생님들이 만든다는 것이 의아하기도 했지만 우리가 신뢰하던 선생님이었기에, 참교육을 외치는 선생님들이 옳다는 생각 때문에 우리는 선생님들을 지지했다.

어느 날 몇몇 학생들이 교문 앞에서 '우리는 ○○○선생님의 해직을 반대합니다' 라는 팻말을 들고 연좌농성을 했다. 텔레비전에서만 보아왔던 시위장면이었기에 충격적이었다. 그 다음에 벌어지는 상황은 더 놀라웠다. 교사들의 해직을 막고 싶다는 학생들을 다른 교사들이 달려 나와 욕설과 구둣발을 날리는 모습 때문이었다. 우리가 존경하던 선생님은 결국 해직되었고 우리는 다시 일상의 학교로 돌아왔다. 학년이 바뀌자 교장이 바뀌고 학교 현실은 더 암흑이었다. 입시지도는 강화되었고 생활지도 또한 마찬가지였다. 두발과 복장 때문에 학내에서 가위질이 벌어지기도 했다. 하지만 우리 또한 일상의 학교로 돌아갈 수밖에 없었다. 마치 키팅이 해직되는 날 교장의 수업처럼 말이다.

"교과서 21페이지를 펴고 서문을 읽도록, 마캘론. 시를 이해하는 방법에 관한 프리차드 박사의 훌륭한 기록을 읽어 보도록 해."

하지만 그 페이지는 이미 찢어 버리지 않았던가. 교장은 들고 있던 교과서를 읽게 한다. 그 구절은 키팅의 첫 국어수업 때, 지금은 죽어 사라진 니일이 읽었던 대목이기도 하다. 첫 수업과 마지막 수업의 상황들이 겹쳐지면서 그는 가슴이 먹먹해져왔다.

전교조는 '참교육'을 표방하며 지난 1987년 9월 27일 한신대에서 '전국교사협의회'를 설립하면서 교직원 노동운동의 막을 올렸고, 2년 뒤인 1989년 5월 28일 연세대 도서관 민주광장에서 출범을 공식 알렸다. 정부당국은 교사들이 노조를 만드는 것은 불법이라며 천오백 여명이 넘는 교사들을 파면하거나 해임하였다. 이로부터 10년이 지난 후에야 전교조는 합법화되었다.

이 소설의 마지막 장면은 명장면이다. 그가 떠나는 날 교장의 만류에도 불구하고 학생들은 책상 위에 올라가 "캡틴, 마이 캡틴"을 외치는 장면에서 그는 하염없이 흐르는 눈물을 훔쳤다. 벌을 설 때만 올라가 무릎을 꿇었던 굴종과 압박, 권위의 상징인 책상에서 두 발을 당당히 딛고 발장단을 외치는 학생들의 모습에서 그의 학창시절을 떠올렸기 때문이다. 그때 우리에게는 이처럼 소설 같은 일들은 벌어지지 않았다.

청년시절,
애틋함과 절실함에
눈이 시리다

시대의 아픔은
어둠을 넘어 분노로

광주 계림동 백화서점에 들어가니 그의 눈에 들어온 것은 〈꽃잎처럼〉이다. '5월 광주 대표소설집'이란 문구가 가슴에 꽂혔다. 이 책을 보자 〈죽음을 넘어 시대의 어둠을 넘어〉라는 책이 생각이 났다. 그가 대학에 입학했을 때 본 책이었다. 그때 당시에는 줄임말인 〈죽넘기〉또는 〈넘어 넘어〉라고 부르기도 했다. 책 표지에는 어떤 디자인 없이 초록빛 제목과 '광주 5월민중항쟁의 기록'이라는 글씨로 채워져 있다. 헌책방에서 이 책을 보았을 때 당시의 기억들이 물밀 듯 되살아났다. 어떤 문학적인 상상이나 장치 없는 보고문학 형식이어서 충격적인 내용이었다. 풀빛에서 나온 이 책은 황석영 작가가 엮었다. 책장을 열면 당시 전남사회운동협의회 대표인 전계량이 아들에게 남긴 발간사가 절절하다.

영진아! 그해 1980년 5월 21일 "엄마! 조국이 우리를 부릅니다"하면서 나갔다가 계엄군의 무차별 총격에 관자놀이를 관통당하여 애비도 모르게 이승을 떠나 버렸던 영진아!

이렇게 시작되는 발간사에는 온통 느낌표 '!'가 가득하다. 감탄이나 놀람, 부르짖음, 명령 등 강한 느낌을 나타내는 이 문장부호가 이렇게 다양하면서도 적절하게 쓰일 수 있다는 것을 다시금 느낀다. 1980년 5월 열흘의 항쟁을 담은 이 책은 광주민중항쟁이 일어난 후 5년이 지나서야 발간되었다. 머리말에서 황석영은 이 책은 2백여 명 이상의 익명의 시민들에게서 끌어낸 것들을 모은 기록이라고 밝히고 있다. 황석영이 집필한 것으로 알려져 있지만 정확하게 말하면 집필자는 당시 전남일보(현 광주일보) 기자이자 전남사회운동협의회 소속인 이재의 기자가 썼고, 상황지도는 조양훈이 그렸다고 한다. 이 책이 나오는 데에는 항쟁의 전 과정을 체계적으로 정리한 최초의 지하 팸플릿인 〈광주백서〉(1982)라는 책이 도움이 되었다고 한다.

당시 시민군 투쟁위원회 외무 담당 부위원장이었던 정상용 전 국회의원과 광주전남민주화운동동지회 정용화 대표는 원고의 내용을 확인한 후 집필자로 나서줄 사람과 출판사를 수소문했지만 여의치 않았다고 한다. 전남사회운동협의회 대표였던 전계량 5·18유족회장이 출판 책임을 지겠다고 나섰고 정 전 국회의원이 황석영 작가에게 부탁했다. 이재의, 조양훈, 전용호 씨 등이 당시 광주 북구 운암동에 살던 황 작가를 찾아가 여러 사람들의 증언과 자료 등의 원고 뭉치를 넘겼고 출판은 풀빛출판사에서 맡기로 했다. 황 작가는 풀빛출판사 인근 여관에서 두문불출하며 원고를 가다듬었다. 문병란 시인의 시 '부활의 노래'에서 따 〈죽음을 넘어 시대의 어둠을 넘어〉란 책 제목을 붙였다고 한다. 발간사 옆에는 이 시가 적혀 있다.

돌아오는구나
돌아오는구나

그대들의 꽃다운 혼

못다한 사랑 못다한 꿈을 안고

죽음을 넘어 시대의 어둠을 넘어

부활의 노래로

맑은 사랑의 노래로

정녕 그대들 다시 돌아오는구나··

85년 5월에는 전두환이 집권하던 때라 집필 경위를 밝힐 수가 없었을 것이다. 책이 나오자마자 2만여 권이 압수당하고 출판사 대표는 구속됐다. 그 또한 당시 금서였던 이 책을 사회과학책방에서 구입했었다. 책방에서는 알아서 이 책 제목이 보이지 않게 포장해서 그에게 건네주었다.

그가 어렴풋이 기억하는 1980년 5월의 서울은 최루탄 냄새 가득한 아버지의 옷이었다. 아버지가 시위에 참여하지는 않았지만 서울로 출퇴근을 하면서 겪었던 일들을 혼잣말로 중얼거렸던 기억이 남아 있다. 초등학생이었지만 뭔가 심각한 일이 벌어지고 있음을 느낄 수 있었다. 지난 해 겨울 10.26사태 때 학교 수업에서 내내 울고 있던 친구도 생각이 났다. 왜 우느냐는 선생님의 물음에 반 아이는 이렇게 대답했다.

"나라의 대통령 각하께서 돌아가셨는데 어떻게 안 울 수 있어요."

그때 그는 그 아이가 애국심이 강한 아이라고 생각했다. 죽음이란 단어를 처음 겪었던 외할머니의 죽음과 연결시켜 보았지만 나랏일에 관심을 갖기에는 어린 나이였고 그와는 너무도 먼 사람의 죽음이었다. 그러나 이 책은 한 사람의 죽음의 기록이 아니었다. 책을 읽어 내려가면서 격했던 장면은 도청을 지켰던 시민군들의 이야기였다. 특히 계엄군에게 잔인하게 학살당한 누나처럼, 도청에서 죽음을 맞이한 어느 고등학생의 이야기와 항쟁지도부 윤상원이 마지막으로 남긴 "이제 우리 저승에서나 만납시다"는 말은 절절했다. 그 장면에서는 크게 소리 내어 울지 못하고 숨죽이면서 눈물을 흘렸던 기억이 다시 떠오른 것은 2007년에 개봉된 〈화려한 휴가〉를 보면서였다.

광주민중항쟁을 소재로 한 첫 영화로는 1990년대 개봉된 〈부활의 노래〉가 있다. 독립영화 방식으로 제작된 〈부활의 노래〉는 항쟁 초기 유인물을 통해 선전활동을 벌였던 들불야학과 당시 전남대 총학생회장이였던 박관현, 윤상원을 소재로 하고 있다. 도피생활을 하던 주인공 철기는 광주상황과 선배, 동료 등의 장열한 최후를 듣고 자책에 빠지다가 수감된 후 단식투쟁을 전개하는 내용이었는데 개봉 당시 많은 부분이 삭제되는 수난을 겪었던 영화였다.

어머니를 잃은 충격으로 정신이상이 된 이정현의 연기가 기억에 남았던 〈꽃잎〉도 있다. 딸의 손을 꽉 잡고 숨을 거둔 어머니의 흰옷, 공포와 두려움에 어머니의 손을 뿌리치려고 발버둥치는 장면이 아직도 잊히지 않는 장면이다. 그는 영화를 보고 나서 마지막 엔딩 크레디트

가 다 올라가고 불이 켜질 때까지 영화관에서 앉아있었다. 김추자 노래의 〈꽃잎〉이 어릴 적 흥얼거렸던 추억보다 가슴 아픈 노래로 다가오게 된 것은 순전히 이 영화 때문이었다. 그가 어렸을 적에는 주로 동요나 만화영화 주제곡들을 많이 불렀다. 헤어진 연인의 가슴 아픈 대중가요 정도로 알고 있었던 노래였다. 가사 뜻도 잘 모르지만 어른들 앞에서 가끔 대중가요를 부르면 기특해하면서 용돈을 받기도 했다. 그러나 이제 이 노래를 들을 때면 유년의 흥겨웠던 기억들만 남는 것이 아니라 영화 속에서 깡마른 주인공이 수줍어하면서 불렀던 것도 떠오른다.

이즈음에 읽었던 책 하나가 더 떠오른다. 〈아무도 미워하지 않는 자의 죽음〉이다. 이 책은 나치 치하에서 자유를 위해 끝까지 싸웠던 독일 학생들의 저항 조직 백장미단의 활동을 다루었다. 이와 비슷한 책으로 클로드 모르강의 〈꽃도 십자가도 없는 무덤〉이 있었다. 한 레지스탕스의 포로수용소 생활과 반독일 항쟁을 다룬 책이다. 무엇보다 작가인 클로드 모르강의 실제 체험을 다룬 자전적 실화소설이었기에 더 공감이 갔다. 평범한 프랑스 지식인이 나치의 침략 전쟁을 겪으며, 조국과 사랑하는 사람들을 위해 행동하는 양심으로 변화하고 발전하는 모습을 그려낸 책이다.

이런 책들은 허구적인 이야기가 아닌 실제 사건이었기에 더 비극적으로 느껴졌다. 처형당한 학생들의 흑백사진이 아직도 그의 기억에 선명하다. 작가인 잉겔 숄은 처형당한 두 동생이 차디찬 형장의 이슬로 사라기기까지의 과정을 사실 그대로 나타내고 있다.

한스와 조피는 나치의 부당함을 알리기 위해 전단을 뿌렸다는 죄목으로 감옥에 가게 된다. 사형이 확정된 후 가족들과의 마지막 면회 장면에서 그는 뭉클함을 느꼈다. 다시 보지 못할 가족들인데도 그들은 너무도 담담했다. 황지우 시인은 〈새들도 세상을 뜨는 구나〉 시집의 '아무도 미워하지 않는 자의 죽음'에서 이를 그대로 표현했다.

"어머니 오셨어요?"
"오냐, 잘 지냈니?"
"네."
?
(사이......말 없음)
?
"애야, 내일이면, 네가 그 자리에 없겠구나."

이 책을 읽어본 사람이라면 미사여구 없는 단 몇 줄의 이 시를 읽고 가슴이 먹먹해질 것이다. 한스가 단두대에 목을 올려놓기 전에 감옥이 울리도록 큰 소리로 외친 마지막 말은 '자유만세'였다. 그는 이 장면을 보면서 다시 한 번 책 앞쪽에 있는 한스의 얼굴을 쳐다보았다. 죽음을 앞둔 한스가 막내동생에게 이렇게 말한다.
"강하게 살아남으라, 한 치의 타협도 없이."

한 치의 타협도 없이 살아남으려면 강한 신념을 가져야 한다. 이 말에 그의 심장이 뜨거워졌다. 멋진 말임에 틀림이 없다. 헌책방에서 발견한 책에서도 이 문구에 붉은색 밑줄이 그어져 있었다.

그는 이런 책들을 읽고 난 후 주저 없이 87년 6월 항쟁에 나설 수 있었다. 광주 민중들을 학살할 전두환 대통령이 호헌조치를 취한 것은 옳지 않다고 생각했다. 호헌조치는 대통령 선출방법을 둘러싼 개헌논쟁을 종식시키고 기존 헌법을 고수하겠다는 것이기 때문이다. 당시 6월 항쟁에서 사람들의 큰 바람은 우리 손으로 대통령을 직접 뽑을 수 있는 직선제 개헌이었다. 그 바람은 이루어졌고 그로부터 20여 년의 세월이 흘렀다.

헌책방을 나와 광주고등학교 쪽을 바라다보았다. 정문 앞에는 '광주 4.19 민주혁명 발상지'라는 표지판이 세워져 있었다. 그는 잠시 숨을 멎었다. 가슴이 뜨거웠던 젊은 시절이 떠올랐기 때문이다.

영화와 음악의
짙푸른 향연

푸른색 창연한 바다에 유영하는 한 남자와 돌고래의 영화 포스터를 다시 만나게 된 곳은 경포해변의 막국수 집에서다. 오랫동안 알고 지내던 지인과 함께 강릉에 있는 한 대학에서 개최하는 '북페스티벌'에 갔다가, 그는 혼자 빠져나와 경포해변으로 향했다. 출장길에 동행하게 된 진짜 이유는 바다가 보고 싶었기 때문이다.

그런데 막상 바닷가에 도착하고 보니 눈길과 발길을 끄는 것은 음식점이 아닌가. 꼭두새벽부터 서울에서 한걸음에 달려왔으니 뱃속이 먼저 아우성친다. 4월의 동해안은 제법 쌀쌀했고 바람마저 강하게 불어 뜨끈한 음식으로 속을 채우고 싶었지만 십여 년 만에 찾은 경포해변은 막국수 집이 장악하고 있었다.

그 가운데 해변에 가장 인접한 곳에 들어서니, 한쪽 벽면에 주인의 앨범을 옮겨 놓은 듯 빛바랜 사진들의 액자와 함께 영화 〈그랑블루 Le Grand Bleu〉(뤽 베송 감독, 1988) 포스터가 시선을 고정시킨다. 지난 90년대 무수한 레스토랑, 카페, 서점뿐만 아니라 집안까지 모셔와 걸어두었던 '국민 패널 포스터'는 대다수 이 영화의 정체조차 몰랐던 사람들일지라도 누구나 기억하고 있는 추억의 트렌드였다.

그때 그 역시 영화에 대한 깊은 인상과 강렬한 푸른 색감의 포스터에 매료되어 원본 포스터를 구입해 패널로 한동안 방안에 걸어두었다. 예기치 않은 곳에서 추억을 오롯이 담은 물건과 마주하니 마음과 머리가 그때 그 시절로 달려가는 것은 어찌할 수 없나 보다.

20여 년 전 〈그랑블루〉를 처음 감상한 것은 극장이 아닌 선배 집의 VTR로 복제 비디오테이프를 통해서였다. 국내에서 정식 개봉하기도 전에 혜화동 대학로의 한 '시네마테크'의 소장테이프를 대여한 선배 덕분에 영화를 볼 수 있었다. 80년대 '누벨 이마주'로 칭송되어 영화인들의 전폭적인 기대주로 떠오른 뤽 베송을 알게 된 것도 그때쯤이었고 그의 작품을 직접 감상함으로써 명불허전이 아님을 알게 됐다. 당시 〈그랑블루〉는 신비롭고 강렬한 영상미와 더불어 귀에 쏙 들어오는 영화음악이 무엇보다 좋았는데, 이로 인한 웃지 못할 해프닝이 있었다.

〈그랑블루〉 영화음악이 너무나도 좋아 따로 듣고 싶었지만, 정식 개봉되기 전이라서 OST앨범은 당연히 없었고 아직 인터넷이 세상에 나오기 전이어서 달리 접할 방법이 없을 때였다. 그 당시 〈그랑블루〉를 포함해 구할 수 없었던 영화 OST들을 쉽게 듣기 위해 궁여지책으로 생각해 낸 방법이 있었다. 그것은 바로 선배의 빵빵한 AV기기를 이용해 영화를 재생시킨 다음 음악이 나오는 부분에 이르면 카세트테이프에 녹음하는 것이었다. 그렇게 해서 나만의 영화 OST 카세트테이프를 만들어 듣곤 했으니, 요즘 시대엔 실소를 자아낼 황당무계한 짓일지도 모르겠다.

그로부터 몇 년 후 영화의 정식개봉과 함께 그토록 고대하던 OST앨범이 정식으로 출반되어 한걸음에 레코드숍으로 달려갔다. 영화 포스터와 같은 LP앨범 재킷을 보며 '이제야 제대로 된 음악을 들을 수 있게 됐구나.' 하는 설렘으로 턴테이블을 돌렸는데 순간, 뭔가 이상했다. 분명히 그가 들었던 〈그랑블루〉 OST가 아니었다. 어찌된 일인가?

지금도 정확한 자초지종은 알 수 없지만, 본래 이 영화는 두 가지 버전으로 제작됐다. 프랑스 오리지널버전과 미국버전으로 말이다. 그래서 러닝타임도 다르고 제목도 미국버전은 〈Le Grand Bleu〉가 아닌

〈The Big Blue〉로 되어 있다. 으레 여기까지는 문화산업에서 거대한 미국시장을 염두에 둔 차별화된 글로벌 개봉방식의 유형으로 이해하고 있다. 그런데 특이하게도 이 영화는 OST마저도 두 가지 버전이 존재한다는 사실이다. 오리지널버전의 본래 음악을 담당한 프랑스 작곡가 '에릭 세라'가 있고 미국버전에는 〈록키〉로 유명한 작곡가 '빌 콘티'가 OST를 따로 만들었던 것이다.

역시나 그랬다. 비디오테이프를 다시 돌려보니 오프닝 자막으로 〈The Big Blue〉가 나왔고 좋아했던 OST는 빌 콘티의 솜씨였으며, 나중에 정식 앨범으로 사들인 OST는 에릭 세라의 음악이었으니 혼동이 될 수밖에 없었다.

〈독수리오형제〉, 〈은하철도 999〉, 〈미래소년 코난〉 등 어릴 적 우릴 TV앞에 붙잡아 놓았던 만화영화가 실은 일본산 애니메이션이었으며, 그토록 목청 높여 불렀던 주제곡들도 원곡이 따로 있었다는 사실을 훗날 알게 된 추억과 유사하다고 해야 하나.

신비로운 분위기의 도입부와 감미로운 색소폰이 어우러진 에릭 세라의 음악도 들을수록 귀에 감기지만, 그에겐 돌고래 소리와 함께 은은한 멜로디가 반복되는 빌 콘티의 음악이 진정 그랑블루 OST로 기억되고 있다.

그랑블루 포스터를 본 적이 있을 것이다. 짙푸른 밤바다에서 한 남자와 고래가 있는 장면 말이다. 남자와 고래는 마치 친구처럼 손을 잡는 듯 보인다. 남자는 물속에 상체만 떠 있는 상태이고 고래는 바다 위로 방금 치솟은 듯 꼬리지느러미 아래 은빛 물결의 흔적이 보인다. 바다에 생명체는 오로지 이들만 있는 것처럼 보인다. 화면의 4/5이상이 바다라서 우리의 눈은 오로지 바다 위의 둘에게로만 집중된다. 그리고 눈을 들어 나머지 위 화면을 보면, 검은 밤하늘에 반짝이는 별들과 바다빛을 닮은 구름이 떠있다.

영화는 프리다이빙 라이벌인 자크 마욜(장마르크 바 분)과 엔조 몰리나리(장 르노 분)의 우정과 경쟁을 다뤘다. 누벨 이마주의 대표작 중 하나로 꼽힌다. 누벨 이마주(nouvelle image)란 프랑스어로 '새로운 이미지'라는 의미이다. 실화를 바탕으로 만들어진 영화이고 자크 마욜은 프리다이빙 기록을 보유했던 실존 인물로 극본 작업에도 참여했다. 우리나라에는 1993년 개봉되었다.

"퀼트 깃털 이불에 쌓인 아기처럼, 돌고래는 온화하게 움직였습니다. 나는 물속으로 미끄러졌고, 돌고래는 나를 밀어 붙임과 동시에 지느러마를 뻗었다. 돌고래는 나에게 말을 하고, 내가 하는 말을 경청해주며 나에게 미소를 지어주었습니다."

뤽 베송 감독은 10살이 되던 해 돌고래를 처음 만난 순간을 이렇게 회상했다. 그 후 돌고래 전문가의 꿈을 꾸었지만 아쉽게도 잠수 사고로 그 꿈을 접게 되었다. 감독은 이 추억을 바탕으로 이 영화를 제작

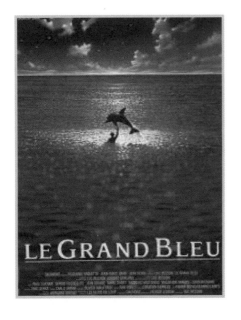

하게 되었다고 한다. 2013년 추가 개봉된 〈그랑블루 리마스터링 감독판〉에서 밝힌 비하인드 스토리다.

바다와 돌고래를 가족으로 여기며 외롭게 성장한 자크의 유일한 친구는 엔조이다. 그들을 잠수 실력을 겨루는 경쟁대상이자 친구이다. 오랜 시간이 흘러 프리다이빙 챔피언인 엔조의 초대로 두 사람은 다시 만나게 된다. 그리고 바다와 돌고래만 사랑해왔던 자크는 처음으로 조안나와 사랑에 빠진다. 이제 줄거리 포인트는 두 가지다. 대회에서 누가 승리할 것인가? 또 조안나와의 사랑은 이루어질 것인가? 바다나 강이 상징하는 것은 모체의 양수, 자연 회귀를 의미한다. 그렇다면 결론은 상상하는 그대로이다.

아침저녁으로
읽기 위하여

내가 사랑하는 사람이
나에게 말했다.
"당신이 필요해요"

그래서
나는 정산을 차리고
길을 걷는다
빗방울까지도 두려워하면서
그것에 맞아 살해되어서는 안 되겠기에

브레히트의 '아침저녁으로 읽기 위하여' 전문이다. 이 말에 왜 그리 꽂혔는지 제목처럼 아침저녁으로 이 시를 들여다보았던 때가 있었다. 빗방울, 두려움, 살해 이 시어들 때문에 그는 자신이 하는 일에 대한 막중한 책임감을 느꼈다. 어쩌면 그 이유는 이 시집 첫 장에 있는 '싸우는 사람들이 일상적으로 이 시를 읽어주기 바랍니다'는 글귀 때문이었는지 모른다.

그가 하는 일은 중요한 문건들을 다른 사람들한테 몰래 전해주는 일이었다. 당시에 불심검문도 심했고 집회나 시위가 많았기에 거리에는 늘 전경들이 깔려 있었다. 그들의 감시를 피하기 위해서 그는 어울리지도 않는 화장에 정장을 하고, 뾰족구두를 신고 사람들을 만나러 가야 했다. 혹시 미행이 붙을 가능성도 있어서 버스나 지하철로 몇 번을 옮겨 타면서 집으로 들어가기도 했다. 누군가는 해야 할 필요한 일이기에 단조롭고 외로운 생활을 이 시집을 읽으면서 버티곤 했다.

〈아침저녁으로 읽기 위하여〉는 하이네, 브레히트, 네루다 세 시인의 작품을 김남주 시인이 번역한 시집이다. 김남주 시인은 남민전 사건에 연루되었다가 1988년 12월 말 마지막으로 풀려났다. 남민전 사건은 유신 말기의 대표적인 공안사건 중의 하나이다. 정부는 이 단체를 폭력에 의한 적화통일을 기도하는 대규모 반국가단체로 규정하여 1979년 11월 관련자 80여 명을 대거 구속하였다. 이 중 39명이 석방되었고, 사형을 선고받은 이재문은 옥사했으며, 신향식은 사형이 집행되었고, 전수진은 병보석 후 죽었다. 이후 2006년 3월 '민주화운동

관련자 명예회복 및 보상심의위원회'에서 관련자 29명을 민주화운동 관련자로 인정했다. 그도 기억난다. 신문 1면 상단에 '남민전 조직 일망타진, 일당, 잔당, 북괴, 적화…'라는 한자 정도는 읽을 수 있는 중학생이었으니까.

그는 김남주의 〈나의 칼 나의 피〉를 전주 동문사거리 헌책방골목에 있는 일신서림에서 찾을 수 있었다. 서점 주인은 그가 책을 고르는 동안 연신 손님을 신경 쓰지도 않은 채 텔레비전 뉴스 앞에서 꼼짝도 하지 않았다. 주인의 한숨소리가 사뭇 거리가 있는 곳에서도 들렸다. 그 날은 4월 18일, 바로 세월호 참사가 벌어진 이틀 후였다. 주인은 그에 게 종이봉투에 그가 산 몇 권의 책을 담아주면서도 눈을 텔레비전 앞에서 떼지 않았다.

사실 그는 20여 년 전 이 시집에 대한 인연이 있었다. 한 친구는 선배가 읽어보라고 빌려준 시집을 밤새 필서를 해서 공책으로 만들었던 경험이 있다. 언젠가 생각이 나서 집에서 찾으니 이미 버렸다는 말을 듣고 얼마나 속상해했는지 모르는 그 친구는 부산여행에서 이 시집을 구입했다고 한다. 그는 김남주의 시를 노래를 통해서 먼저 접했다.

'이 두메는 날라와 더불어 / 꽃이 되자 하네 꽃이 / 피어 눈물로 고여 발등에서 갈라지는 / 녹두꽃이 되자 하네…'

이렇게 시작되는 시는 바로 〈노래〉였고,

'함께 가자 우리 이 길을 / 셋이라면 더욱 좋고 둘이라도 함께 가자…'

는 〈함께 가자 우리〉였다는 것을 그는 알았다. 모임에서 목이 터져라 불러대던 노래였으니까 말이다.

당시 그는 문학도로서 시를 쓸 것인가, 어떤 시를 어떻게 쓸 것인가에 대한 고민을 진지하게 하던 때였다. 시를 쓰기에는 시대는 너무도 어두웠으며, 마음의 여유가 없었다. 그는 김남주가 번역한 브레히트의 〈서정시가 어울리지 않는 시대〉를 읽으며 공감을 하기도 했다.

물론 나는 알고 있다 행복한 사람만이
다른 사람의 호감을 산다 그의 목소리는
귀에 거슬리지 않고 그의 얼굴은 깨끗하다

정원의 나무가 기형적인 것은
토양이 나쁘다는 것을 말해 준다 그런데
지나가는 사람들은 나무를 비난한다 불구자라고
어쩔 수 없는 노릇이다 (…)

나의 시에 운율을 맞추면 나에게는 그것이
겉멋을 부리는 것처럼 생각되기까지 한다
나의 내부에서 싸우고 있는 것은
꽃으로 만발한 사과나무에 대한 도취와
저 칠쟁이의 연설에 대한 분노이다
그러나 후자만이 나로 하여금
당장에 펜을 잡게 한다

나치에 저항하다 미국으로 망명을 한 극작가이자 시인인 브레히트
가 왜 이 시를 썼는지 그는 이해할 수가 있었다. 브레히트는 미국에서
도 매카시 광풍 때문에 동독으로 이주했고, 동독에서도 관료주의에
물들어 있는 정부에 대한 풍자시를 쓰기도 했다. 시인이라면 꽃으로

만발한 사과나무의 아름다움을 노래하고 싶을 것이다. 그러나 시대는 칠쟁이 히틀러의 연설에 대한 분노로 도저히 아름다움을 노래할 수 없는데 어떻게 서정시를 쓸 수 있겠는가. 이 시를 보면서 그는 시인의 아픔과 사명감에 대해 고민했다. 그러나 시대는 그런 개인에게 고민할 틈조차 주지 않았고, 그 후로 그는 펜을 놓아버렸다.

나두야 간다,
고래 잡으러

그는 광주 출장길 헌책방에서 만난 〈고래사냥〉을 보고 반가웠다. 친구들끼리 '고래잡이, 포경'이라는 말장난을 하기도 했던 때가 생각났기 때문이다. 출간년도를 확인해 보니 1985년으로, 초판본보다 2년 정도 지난 책이다. 표지도 고래의 푸른 등과 같은 색이었다. 책 뒤쪽을 보니 최인호가 작사하고 송창식이 노래한 〈고래사냥〉이 적혀 있다.

"술 마시고 노래하고 춤을 춰 봐도 가슴에는 하나 가득 슬픔뿐이네… 자, 떠나자 고래 잡으러. 삼등삼등 완행열차 기차를 타고…"

그는 잠시 헷갈렸다.

'이 영화에 나왔던 노래였나?'

하지만 송창식이 부른 이 노래는 최인호 원작의 1970년대 영화 〈바보들의 행진〉에 나왔었고 영화 〈고래사냥〉에는 등장하지 않는다.

〈고래사냥〉은 70~80년대 시위 현장에서나 선술집에서 목청을 돋우며 너나없이 불렀던 노래였다. 그 또한 시큼털털한 냄새가 가득한 명동성당 근처 지하촌이란 술집에서 젓가락을 두들기며 고래고래 악을 쓰면서 불렀던 기억이 나는 노래이기도 하다. 이 노래는 한때 금지곡이 되기도 했다. 대통령을 고래에 빗대었다는 이유였다. 또 포경이라는 단어가 가지는 다의성 때문이기도 하다는 말도 있었다. 이 영화에서 장발 단속 경찰에 쫓기는 장면에 삽입된 노래로 나온 송창식의 〈왜 불러〉도 마찬가지였다. 이금희가 부른 〈키다리 미스터 김〉은 키 작은 대통령을 의식한 방송관계자들에 의해서, 김추자의 〈거짓말이야〉는 불신조장으로 금지되기도 했던 시대였다.

"나도야 간다 나도야 간다. 젊은 나이를 눈물로 보낼 수 있나. 나도야 간다. 나도야 간다.
님 찾아 꿈 찾아 나도야 간다."

영화 〈고래사냥(1984)〉에 나오는 노래는 김수철의 〈나도야 간다〉이다. 최인호의 동명 소설을 원작으로 한 〈바보들의 행진〉, 〈별들의 고향〉, 〈겨울나그네〉 등도 영화로 만들어져 많은 사랑을 받기도 했다.

　자유로운 영혼을 가진 민우 역의 안성기와 이미숙의 순수한 모습도 좋았지만 무엇보다도 병태 역으로 나온 키 작은 김수철이 인상적이었다. 당시 병태 배역을 찾고 있던 제작진들에게 우연히 김수철이 소개되었다고 한다. 키 작고, 구부정하고, 때 묻지 않은 청년 병태 역으로 김수철은 딱 맞았다.

　또 김수철이 노래 가사가 박용철 시인의 〈떠나가는 배〉의 시와 같아서 반가웠었다. 사실 이 노래는 시 일부를 인용했다는 유족들의 반대로 방송금지처분을 받았지만 노래와 시의 내용은 다르다. 전체 4연 가운데 후렴구가 비슷한 1, 4연을 뺀 중간 부분은 이러하다.

아늑한 이 항구인들 손쉽게야 버릴 거냐.
안개같이 물 어린 눈에도 비치나니
골짜기마다 발에 익은 뫼뿌리 모양
주름살도 눈에 익은 아아 사랑하든 사람들.

버리고 가는 이도 못 잊는 마음
쫓겨 가는 마음인들 무어 다를 거냐.
돌아다보는 구름에는 바람이 희살짓는다.
앞 대일 언덕인들 마련이나 있을 거냐.

박용철 시인의 〈떠나가는 배〉는 1925년 일제시대 조국을 떠나는 비애를 담고 있고, 〈나도야 간다〉는 1980년대의 암울한 시기를 배경으로 하고 있다는 점에서 비슷한 점이 많다. 둘 다 희망의 의지를 잃지 않는다는 의지를 담고 있지만 〈나도야 간다〉가 좀 더 적극적이고 희망적이다. 당시 '작은 거인' 김수철은 기타를 두들기며 방방 뛰면서 불렀고 체육대회 응원가로도 많이 부르곤 했던 노래였다. 〈고래사냥〉은 2013년 최인호 작가가 작고한 후 리메이크 되었으면 하는 영화로 꼽히기도 했다.

고래사냥을 나선 소심한 병태와 거지왕초 민우는 거리에서 벙어리 여인 춘자를 만난다. 병태와 민우는 춘자를 술집에서 구출시켜 귀향길에 오른다. 결국 춘자는 말을 되찾고 그리운 어머니의 품에 안긴다.

내가 진실로 그녀를 위한다면 그녀를 '사랑'하는 일이다. 연인으로서, 정욕으로서 그녀를 탐하고 사랑하는 것이 아니라 같은 얼굴을 가진 인간으로서 그녀를 아끼고 사랑하는 일이다. 그것이다. 내가 배우는 것, 내가 겪어나가는 것, 그 모든 경험과 학식의 집약은 오직 '이웃을 사랑하는 법'을 배워나가는 길에 있을 것이다.

그녀는 나로부터 상징되는 내가 뛰어들어야 할 사회이며 바다이며 고래인 것이다.

〈고래사냥〉에서 병태가 깨달은 것은 이것이었다.

몇 년 전 호주의 해안가에서 조류에 휩쓸려 들어온 큰 덩치의 향유고래들을 방송을 통해 본 적이 있다. 먼저 쓸려왔던 고래들은 이미 숨졌고 몇 마리의 거대한 고래가 입을 벌린 채 가쁘게 숨을 헐떡이고 있었다. 해안가에 쓰러져있는 몇 마리의 고래들을 사람들이 넓은 바다로 유인해 살리기도 했다.

고래는 무분별한 포경으로 고래 자원의 감소 징후가 뚜렷해지자 1986년부터 상업 포경을 전면 금지한 멸종위기 동물이다. 그러나 연구 목적의 포경은 일부 허용하고 있어서 환경운동가들에게 비난을 받고 있다. 고래가 그물에 우연히 걸리거나 해안가에 떠밀려 올 경우에만 고래 고기의 유통이 허용된다.

칠레 아타카마 사막에서는 수천 년 정도로 추정되는 대량의 고래 화석을 모래 속에서 발견하기도 했다. 이 고래 화석들은 대부분 배를 위로 향한 자세로 누워있었다. 고래가 바다에서 죽어 부패하면서 배를 하늘로 향한 채 뒤집어지기 때문이라고 한다. 고래가 육지에서 죽는 것은 숨을 쉬지 못해서가 아니다. 고래는 폐호흡을 하므로 숨을 못 쉬어서 죽는 것이 아니라 몸무게 때문이다. 엄청난 몸무게의 강한 압력에 내장 등이 눌려 질식사 한다. 이것이 지구상에서 가장 큰 포유동물인 고래가 육지가 아닌 바다에 사는 이유이기도 하다. 고래는 부력이 있는 바다에서나 큰 몸뚱이를 자유롭게 움직일 수 있는 것이다.

"간밤에 꾸었던 꿈의 세계는 아침에 일어나면 잊혀지지만 모두들 가슴 속에 뚜렷이 있다…신화처럼 숨 쉬는 고래 잡으러."

그는 〈고래사냥〉 노래를 흥얼거리다 갑자기 눈물이 치솟았다. 전날 밤 숙소에서 텔레비전으로 본, 뒤집어진 세월호의 모습이 마치 고래의 시퍼런 등 같았던 기억 때문이다. 그가 오랜만에 만난 고래는 그가 늘 그리워했던, 상상했던 고래의 모습과 너무도 달랐다.

그는 헌책방을 둘러보다 클림트 화집을 발견했다. 열화당에서 나온 1991년 책이다. 표지에는 〈유디트 2〉그림이 실려 있다. 그가 보기에는 관능적인 모습보다 공포적인 이미지로 다가온다. 목 잘린 남자의 모습 때문이다. 아르테미시아 젠틸레스키가 그린 〈홀로페르네스의 목을 베는 유디트〉에서 나오는 여인들의 손들은 꽉 움켜쥔 모습이다.

그러나 이 그림에서는 여자의 손이 남자의 머리카락을 꽉 움켜쥐는 것이 아니라 손가락에 걸친 듯한 모습이다. 왼손과 달리 손가락을 쫙 벌린 오른손, 검은 머리, 눈 아래 점 때문인지 더 괴기스럽게 느껴졌다.

〈구약성서〉에 따르면 유디트는 베툴리아에 살던 아름다운 과부로

묘사된다. 자신의 고향 베툴리아를 점령한 아시리아 장군 홀로페르네스를 술에 취해 잠들게 한 다음 목을 베었다고 한다. 장군을 잃은 아시리아 군대들은 후퇴를 하고 유대인들을 승리로 이끈 유디트는 영웅이 되었다. 유디트는 홀로페르네스의 머리를 단 두 번 내리쳐 잘랐다고 전하는데 그녀는 하녀와 함께 그의 머리를 들고 베툴리아로 돌아왔다고 한다.

보티첼리의 〈유디트〉 그림에서는 고향으로 돌아가는 그녀의 모습이 당당하지만, 조르조네의 〈유디트〉 그림에서는 하녀 없이 혼자 등장한다. 홀로페르네스의 머리를 풍만한 다리로 밟고 지그시 눈을 내리깐 모습이 요염하기까지 하다.

그가 유디트의 그림 중에서 가장 마음에 드는 것은 클림트의 〈유디트 1〉이다. 기존에 보아왔던 강한 유디트가 아닌 팜므파탈의 모습, 바로 관능적인 그녀의 눈 때문이다. 그는 이 그림을 보고 민족의 구원이나 대의를 위한 자기희생을 치른 고결함이 아닌 쾌락의 절정에 휩싸여 있는 듯한 매혹적인 모습에 끌렸다. 그녀의 눈은 청회색의 주름진 가운에 박힌 황금빛 문양과 조화를 이루고 있다. 그녀의 모습에 홀로페르네스의 잘린 목 따위는 눈에 들어오지도 않았다.

이 그림의 모델은 클림트의 연인 아델레 블로흐 바우어라고 주장하는 사람도 있다. 그녀의 보석이 박힌 목걸이를 통해 추정하고 있는데 이 목걸이는 부유한 제당회사 사장 페르디난트 블로흐 바우어가 아내에게 선물한 것이라고 한다. 엘리자베스 히키의 장편소설 〈클림트〉에서도 이 그림의 모델이 아델레로 나오는데, 클림트의 다른 연인 에밀리 플뢰게의 시각으로 아델레를 설명한 모습이 흥미롭다.

그녀가 구스타프를 알게 된 지는 팔 년째였다. 그들이 만났던 날 밤, 그는 그녀에게 성경 속의 여주인공처럼 생겼다고 말했다. 그리고 홀로페르네스의 머리를 든 유딧의 모델이 되어달라고 부탁했다. 그녀는 그러한 비교에 마음이 끌리기도 하고 우쭐해져서 동의해 주었다. 나는 그녀가 이러한 얘기를 하는 동안 치수를 쟀다.

이 소설에서 에밀리는 치수를 재고 있는 아델레를 핀으로 찌르고 싶은 충동을 간신히 억눌렀다고 표현했다. 클림트는 아델레의 초상화를 두 점이나 그렸다. 소설에서 에밀리는 클림트가 〈아델레 블로흐 바우어의 초상 1〉을 그릴 때 그녀와 사랑에 빠졌음을 확신할 수 있었다고 표현한다. 이 그림도 그가 좋아하는 클림트의 그림 중 하나이다. 그 그림에 아델레는 온통 금박으로 장식된 바탕 위에 역시 금은보석의 목걸이와 팔찌를 끼고 앉아 있다. 화려한 보석이 박힌 두꺼운 목걸이나 금팔찌, 드레스 등도 남편이 선물한 것이다. 홍조를 띠고 있는 그녀의 얼굴은 창백한 얼굴과 대비된다. 우수에 젖은 그녀의 큰 눈이 그윽하다. 앞에서 자신을 그리고 있는 클림트의 모습을 어떤 눈빛으로 바라보고 있었을지 상상하지 않을 수 없는 대목이다.

아델레의 다른 초상화는 몇 년이 지난 후에 그린 〈아델레 블로흐 바우어의 초상 2〉이다. 이전의 황금빛과 달리 다양한 색채로 채워진 오리엔트 풍의 그림이다. 이때 그들의 사랑은 이미 끝났을 때라고 한다. 그는 두 그림을 비교해 보면서 그들이 사랑할 때와 끝났을 때가 어떻게 다른지 궁금했다. 화가가 사랑하는 여인을 그릴 때, 보는 마음과 눈이 뭔가는 다를 것이다. 그런데 그것을 알아보는 사람은 정말로 그를 사랑하는 사람일 것이다. 이 소설에 나오는 에밀리는 아델레가 중

년에 이르러, 예전처럼 신비스러운 성적 대상은 전혀 아니었다고 말하고 있다. 그렇다면 에밀리는 정말로 클림트를 사랑했을 것이다. 물론 소설이니까 작가가 상상한 것일 테지만 말이다.

클림트는 평생 독신으로 살았지만 여성 편력이 심했다고 한다. 그림 속에 등장하는 수많은 여성들과 자유분방한 관계를 맺었으며, 그 결과 14명이나 되는 사생아를 남겼다. 에밀리와는 사업적 동반자이자 영원한 소울메이트로 지냈다. 치명적인 뇌졸중으로 죽음의 문턱에 선 클림트는 다급히 에밀리를 찾아 56세의 나이로 그녀 곁에서 숨을 거두었다. 그녀의 나이는 마흔 넷이었다. 에밀리는 클림트가 죽은 이후 그의 그림을 소장하거나 14명의 사생아들에게 재산을 분배하는 등 가족들보다도 그를 더욱 챙겼다.

에밀리는 36년 뒤 세상을 떠날 때까지 누구와도 결혼하지 않고 클림트의 기억을 안고 그의 세계를 지키며 살았다. 클림트가 숨을 거두기 전 마지막으로 내뱉은 말은 그녀의 이름, 바로 에밀리였다.

그가 클림트에 대해서 관심을 갖게 된 것은 10여 년 전 우연히 본 〈키스〉 때문이었다. 신문의 컬러판 섹션에 이 그림이 소개되었는데 눈을 감고 있는 여인의 모습에 반해서 책상 벽에 내내 붙여두면서 그림을 감상했었다. 그리고는 서점 신간코너에 진열된 엘리자베스 히키의 〈클림트〉를 보고 그는 주저 없이 구입을 했다. 앞표지의 〈키스〉 그림 때문이 첫 번째 이유였고 다른 이유는 소설형식이었기 때문이었다.

책 중간 중간에 클림트의 그림도 감상할 수 있고, 그림과 관련된 에피소드도 흥미를 끌었다. 빨리 읽고 싶은 마음에 그날 밤을 꼴딱 새면서 읽어 버리고는 후회를 하기도 했다. 재미가 없어서가 아니라 빨리 읽어 버려서 너무도 허망했기 때문이다.

에밀리는 〈키스〉의 모델이기도 하다. 무릎을 꿇고 행복한 표정으로 눈을 감고 있는 여인의 모습만으로도 그림을 보는 사람이 행복해지는 그림이다. 두 남녀를 둘러싼 금빛 모자이크 채색은 그들의 황홀경을 더 부각시키고 있는 듯하다. 클림트는 평생 네 번이나 에밀리를 그렸다. 하나는 그녀를 처음 만났을 때 그린 〈열일곱 살의 에밀리 플뢰게〉이고 마지막으로 그린 것이 11년이 지나서 그린 〈에밀리 플뢰게의 초상〉이다. 에밀리 초상화로 가장 유명한 그림이다. 그런데 정작 에밀리의 어머니는 이 그림을 마음에 들어 하지 않아서 클림트는 다른 사람에게 팔았다고 한다. 클림트는 관능적이고 환상적인 작품의 작가로만 많이 알려져 있다. 그러나 〈양귀비 들판〉, 〈아터 호숫가의 커머 성 1〉, 〈쉴로스 카머로 가는 길〉 등 서정적인 풍경화를 보면 클림트의 매력에 빠지지 않을 수 없을 것이다.

역사소설을 쓰는 일은 역사소설 본질상 타협이 될 수밖에 없다. 소설을 성공적으로 구성하려면, 인물의 삶에서 예술적 진실과 배치되는 있는 그대로의 사실은 허용하기 힘들다. 나는 이러한 딜레마를 해결하고자, 극적 내러티브에 맞게 사실을 바꾸거나 사실에 맞게 나의 내

러티브를 극적으로 바꾸는 대신, 역사적인 기록에서 누락되거나 주인공과 동시대인들의 죽음과 함께 망각 속에 묻힌 부분에 초점을 맞추기로 했다.

작가노트에 밝힌 글이다. 역사소설은 그런 것쯤은 감수하고 읽는 것이 당연하다. 그는 이 소설을 읽으면서 작가의 자료조사능력뿐만 아니라 미술에 대한 감각, 섬세한 상상력에 감탄을 하기도 했다. 클림트의 그림에 대해서 알 수 있는 소설읽기였고, 그림감상이었다. 헌책방 나들이에서도 가끔 화집을 뒤져보는 것도 색다른 재미일 것이다.

시대의 화두,
문학 사상계간지

그의 책장에는 아직도 버리지 않는 잡지가 있다. 계간지 〈창작과 비평(1988 복간호)〉, 월간지 〈노동해방문학(1989 창간호)〉 그리고 사상논쟁 전문무크지 〈우리사상(1991 창간호)〉 등이다. 다른 잡지 등은 다 정리했으나 이것들은 그냥 상징적으로 남겨두었다.

〈창작과 비평〉은 1966년 1월에 창간되었다. 1966년 목차를 보니 이청준, 최인훈, 송영, 하근찬, 강신재 등 작가들의 이름이 낯익었다. 그런데 창간호에는 김승옥의 〈多産性〉과 이호철의 〈고여 있는 바닥〉이라는 작품이 생소했다. 〈多産性〉은 '돼지가 뛴다', '토끼도 뛴다', '노인이 없다' 등 세 개의 에피소드로 구성되어 있는 독특한 중편소설이다. 〈생명연습〉으로 1962년 한국일보 신춘문예로 등단한 이후 〈무진

기행〉, 〈누이를 이해하기 위하여〉〈서울, 1964년 겨울〉 등을 연달아 발표하면서 문단에 신선한 충격을 던진 김승옥의 존재에 대해서 〈문학사상(2012. 5)〉은 이렇게 밝히고 있다.

김훈은 무협지 작가였던 아버지 김광주의 늙다리 술친구들의 경악의 함성을 지금도 기억하고 있다.
"야, 이놈 문장 좀 봐라. 이게 도대체 인간이냐!"
"걔는 인(人)이 아니야. 누구한테서 배운 것도 아니고, 그냥 저절로 된 놈일 거야."
"좀 더 두고 봐야 할 거야. 아직 신인이잖아. 하여튼 놀랍고 또 놀랍다."
그 '젊은 놈'의 출현에 관해 이야기하면서 어른들은 폭음했고 김훈

소년의 술심부름은 고달팠다. 친구들이 돌아간 뒤 아버지는 담벼락에 머리를 부딪치며 엉엉 울었다고 한다. 김승옥이라는 '젊은 놈'의 출현에 의해서 촉발된 울음이었다고 한다.

글을 쓰는 것보다 글을 읽는 독자에 만족하기로 한 후 그에게는 불행하게도 이런 울음이 이제는 흐르지 않는다. 하지만 절필과 종교로의 귀의 소식을 알게 되면서 김승옥의 한 작가로서의 고통이 조금은 전해지기도 했다.

김승옥은 1980년 동아일보에 〈먼지의 방〉을 연재하다가 광주민중항쟁이 일어나자 의욕을 상실, 연재를 중단하고 만다. 소설을 쓰지 못하는 절망의 나날을 작가는 폭음으로 견디어 냈다고 한다. 나중에 김승옥은 그 시절의 절필에 대해 이렇게 설명한 적이 있다.

온 국민이 분노했다. 나 역시 얌전히 소설을 쓰고 앉아 있을 수는 없었다. 어느 날 밤늦게 술에 취해서 온 아파트가 떠나가라는 듯 "하나님, 이럴 수가 있습니까?" 부르짖기도 했다. 하나님을 믿지도 않으면서 불쑥 하나님께 하소연하는 외침이 저절로 나왔다. 동아일보에 연재소설이 게재되기 시작했지만 분노와 충격 때문에 소설이 잘 써지지 않았다. 군 검열에서 몇 줄씩 잘리기도 했다. 유신시절 10년 동안의 젊은 지식인들 이야기이니 계속 써봤댔자 나와 신문사만 골치 아프게 생겼다. 연재 15회 만에 소설연재를 중단해버렸다.

이후 작가는 교회에 다니게 되면서 종교적 계시를 받는 체험을 겪기도 한다. 얼마 전 세상을 등진 최인호 작가도 가톨릭에 귀의를 했었던 것을 떠올리며 그는 60년대 활동했던 작가들의 시대적 고통을 조금은 이해할 수 있을 것 같았다.

〈창작과 비평〉은 1980년 언론통폐합조치로 폐간되었다가 1988년 복간되었다. 창간호부터 가로쓰기를 비롯하여 한자 줄이기와 순 한글 쓰기를 감행하여 젊은 독자들에게 신선함을 주었다.

복간호는 문예뿐만 아니라 사회비평적인 요소를 갖추었는데, 핵심 키워드는 당시 논의가 활발했던 '민족문학과 민중문학' 이었다. 그동안 알지 못했던 백석 시인에 대해서도 처음 접하기도 했다. 창작과 비평사에서는 1987년 〈백석시선집〉을 간행했는데 이후 월북, 납북 작가들의 해금조치로 백석 시인에 대한 작품들이 새롭게 조명되기도 했다.

여승은 합장하고 절을 했다.
가지취의 내음새가 났다.
쓸쓸한 낯이 옛날같이 늙었다.
나는 불경처럼 서러워졌다.

평안도의 어느 산 깊은 금점판
나는 파리한 여인에게서 옥수수를 샀다
여인은 나 어린 딸아이를 때리며 가을밤같이 차게 울었다.

섶벌같이 나아간 지아비 기다려 십 년이 갔다.
지아비는 돌아오지 않고
어린 딸은 도라지꽃이 좋아 돌무덤으로 갔다.

산꿩도 섧게 울은 슬픈 날이 있었다.
산절의 마당귀에 여인의 머리오리가
눈물방울과 같이 떨어진 날이 있었다.

그가 좋아하는 백석의 시 중의 하나인 〈여승〉이다. 가지취는 취나
물, 금점판은 금광의 일터를 말한다. 백석 시인은 고향인 평안도의 지
명이나 사투리를 살려서 썼다. 당시 일제강점기 상황에서 우리말을
지키려는 의지를 보여주고 있다고 생각한다. 서러운 여승의 모습이

당시 우리 민족을 의미하는 것 같은 느낌을 받기도 했다.

또 〈깃발〉을 쓴 홍희담이란 신인작가를 알게 된 계기도 이 잡지였다. 그가 〈깃발〉을 인상 깊게 본 이유는 광주민중항쟁을 계급의 눈으로 그렸기 때문이었다. 이후 〈깃발〉은 홍희담의 대표적인 소설로 자리매김하게 된다.

〈노동해방문학〉은 그가 용돈이 모일 때마다 조금씩 사서 읽곤 했던 잡지였으나 다 버리고 창간호만 남겨둔 이유는 이 책을 처음 보았을 때의 선명한 충격 때문이었다. 불과 몇 년 전까지 불법도서였던 사회과학서적이나 소설책들이 해금되더니 급기야는 머리띠를 맨 노동자가 주먹을 불끈 쥔 모습으로 '노동해방'을 외치는 표지는 그야말로 신선했다. 창간호에서 박노해, 백무산 등의 시들도 접할 수 있었다.

이런 잡지들이 봇물처럼 나올 수 있었던 것, 그리고 다양한 작품들을 접할 수 있었던 것을 그는 행운이라고 생각한다. 그 이전의 세대였다면 상상도 하지 못할 일이기 때문이다.

삶, 철학이란
무엇인가

헌책방에서 흔히 볼 수 있는 책 중의 하나는 사회과학서적들이다. 그는 〈철학 에세이〉의 초판일자를 확인해 보니 1983년이다. 그가 이 책을 공부하듯이 줄을 쳐가면서 읽었던 때가 생각이 났다. 그의 집에 지금 읽는 책은 2006년 개정 4판이니 오래도록 살아남은 책인 셈이다.

'철학'이라는 단어는 고등학교 시절 국민윤리 시간에서나 배웠던 단어였기에 그는 〈철학 에세이〉를 통해 철학에 대한 생각을 바꿀 수 있었다. 즉, 철학은 일상생활과 밀접한 관련이 있고 우리의 생활은 철학과 끊임없이 관계를 맺어 나간다는 것을 말이다. 그 전까지 그가 철학에 대해서 가진 생각은 고리타분하고 머리 아픈 학문으로만 알고 있었기 때문이다. 그리고 가장 중요한 핵심은 '모든 사물은 변한다'는 것이었다.

이 땅에 태어난 모든 것은 변화한다, 모든 것은 관련되어 있다, 그리하여 우리 사회도 변화하고 있고 변화할 수 있으며, 우리 사회 구석구석의 모든 사람, 사물, 자연은 서로 연관을 맺고 살아가고 있다'

다시 개정판을 내면서 작가는 이 말을 강조하고 있었다. 당시 우리 사회의 변화를 바라던 많은 사람들의 호응을 불러일으켰던 말이기도 하고 그도 후배들이나 주변 사람들에게 강조했던 말이기도 했다. 〈철학 에세이〉는 철학을 공부했던 당시 학생들의 입문서 역할을 톡톡히

했다. 사회과학 동아리에서 활동했던 그도 마찬가지였다. 당시 동아리에서는 일주일에 한 번 정도 철학 공부를 했었다. 늘 과제는 책을 읽고 발제를 해오는 것, 그리고 토론을 하는 공부였다. 이후 이런 학습이 논리적인 사고를 확장시키는 데 도움이 되었음은 물론이다.

공부할 내용이 많았던 때는 그는 밤을 새우면서 발제내용을 열심히 노트에 빽빽하게 적어두기도 하기도 했다. 발제가 끝나면 질문과 문제제기가 이어졌으므로 질문거리들도 몇 가지 미리 준비하기도 했다. 당시 동아리방이 없었기에 토론은 늘 중국집이나 커피숍을 돌아다니면서 했었다. 그가 자주 갔던 토론 장소는 방이 있는 중국집이었다. 동료들 모두 주머니 사정이 좋지 않았던 처지였다. 먼저 토론을 한 후에 뒤풀이는 그 장소에서 했는데 주로 짬뽕국물과 소주를 시켰던 기억이 난다. 양이 늘 부족했으므로 단무지와 김치는 인기 안주 중의 하나였다. 어쩌다 동료나 선배가 용돈이라도 받아오는 날이라면 오랜만에 2차를 가기도 했었다.

이 책은 어렵고 딱딱하게만 느껴졌던 철학을 쉬운 용어로 구체적인 예를 들어서 설명하고 있는 점이 그는 좋았다. 다시 책을 읽어보니 그 예들이 생각나기도 했다. 그 예는 바로 "닭이 먼저냐 알이 먼저냐" 하는 것이었다. 닭과 알을 어떤 생물이 진화해 온 단계에서 나타난 것이라고 볼 때 답은 알이 먼저라는 것이 올바른 답이다. 알이라고 부르는 것이 생겨 알을 낳는 여러 동물들이 나타나고 그 뒤에 닭이 생긴 것이기 때문이다.

이 문제가 어렵게 느껴지는 이유는 알을 생각할 때, '달의 알'이라는 식으로 스스로 좁게 한정하여 생각하기 때문이다. 파리도 알에서 생겨나고 물고기도 알에서 생겨난다는 사실을 넓은 안목으로 파악한다면 문제는 쉽게 해결된다. 진화론과 관련이 있는 부분이었기 때문에 토론은 제법 진지할 수밖에 없었다. 종교 활동을 하는 동료들은 '그 알은 어디로부터 생겨났냐'는 근원적인 문제제기를 했기 때문이다.

그는 철학을 심도 있게 공부하기 위해 도서출판 녹두에서 나온 〈세계철학사〉까지 접했다. 〈세계철학사〉는 맑스와 엥겔스의 철학사상, 변증법적유물론, 사적유물론 이렇게 3권으로 이루어져 있다.

현대사상사의 가장 충격적인 사건은 맑스주의의 출현이다. 아니 더 적절하게는 현대사상사 자체가 맑스주의의 출현과 더불어 시작하였다고 할 수 있다. 맑스주의는 현대사상기 꺼안은 온갖 문제를 총제적으로 제기하였고, 본격적 의미에서의 사회과학을 현대사상의 한 축으로 정립하였다. 가장 열렬한 이상주의를 가장 엄밀한 과학성과 결합하려고 하는 맑주주의의 시도는 사실상 현대사상에 고유한 것이다. 맑스주의와 무관하다고 지칭하는 '사회과학'이 있다면, 그것은 우리 시대를 특징짓는 주요 사건들과 역사적 변화에 거의 관심이 없거나 관계가 없는 사회과학이 되기 마련이다. 그러한 사회과학은 좁은 시야에 사소한 내용을 가지면서 터무니없이 하찮은 사실을 추상적으로 다루는 사회과학일 뿐이다.

책날개에 적혀있는 이 책의 후기 내용이 그는 새삼스러웠다. 한때 사회과학도라고 자부했던 스스로가 지금은 유물론, 관념론, 맑스주의, 사회민주주의, 자본주의 등 이런 것과 그동안 담을 쌓으면서 살아왔기 때문이다.

〈세계철학사 3〉 후기에는 기초적이고 원론적인 철학학습의 중요성을 강조하고 있다. 철학은 한번 보고 끝나는 성질의 것이 아니기 때문이다. 실제로 그의 동료들 사이에서 "실천의 문제가 있을 때, 시급한 문제들 속에서 철학이 해결해 주는 것은 극히 제한적이다", "다 알고 있는 문제들 아닌가? 기초적이고 원론적인 문제에 신경 쓰다가 언제 실천하느냐"라는 말을 하는 동료들이 있었다. 이론공부만 하다 실천을 게을리 할 수 있음을 문제제기한 것이었다. 모든 문제를 철학이 해결하는 것은 아니다. 그러나 실로 철학의 빈곤은 합목적적 실천을 불가능하게 하는 근본적, 핵심적인 문제이다. 곧 세계관, 역사관, 인간관에서의 비과학성은 사회발전은 늦추게 하고 주체의 실천적 과제를 방기된 상태로 있게 하는 장애인 것이다.

모든 문제를 철학이 해결하는 것은 아니다. 그러나 실로 철학의 빈곤은 합목적적 실천을 불가능하게 하는 근본적, 핵심적인 문제이다. 곧 세계관, 역사관, 인간관에서의 비과학성은 사회발전은 늦추게 하고 주체의 실천적 과제를 방기된 상태로 있게 하는 장애인 것이다.

이 책 후기에는 이러한 말들을 거리낌 없이 할 수 있다는 것은 사회 전체가 아직도 철학적 제 문제를 심각하게 생각할 것을 요구하지 않는 낮은 발전수준에 머물러 있는 것이라고 지적하고 있다. 또 개인 스스로가 그 발전에서 뒤떨어져 있음을 반증하는 것에 지나지 않는다고도 말하고 있다. 당시 선배들도 이런 말들을 했던 것 같다.

〈세계철학사〉 책을 펴면 이런 문구가 나온다.

모든 이론은 회색이며 오직 영원한 것은 저 푸른 생명의 나무이다.

이 말은 괴테의 〈파우스트〉에 나오는 말이다. 그는 이 말을 나름대로 이렇게 해석해 보았다. 저 나무를 싹이 트게 하고, 꽃이 피게 하고, 열매를 맺게 하는 생명성보다 중요한 이론은 없다. 그러나 그 이론이 희망의 색깔이었다면 그 나무를 더 성성하게 자랄 수 있지 않을까. 과연 이것은 그의 이상주의적인 바람일까.

자연으로
돌아가리

우연히 들른 법정의 책들을 헌책방에서 만나게 될 줄은 몰랐다. 입적한 후〈무소유〉등 법정의 책들에 사람들이 집착을 하는 모습에 그가 전혀 동요하지 않은 것은 아니었다.

"그동안 풀어놓은 말빚을 다음 생으로 가져가지 않겠다. 내 이름으로 출판한 모든 출판물을 더 이상 출간하지 말아 주기를 간곡히 부탁한다."

이 유언을 듣고 책장을 살펴보니 법정의 책이 딱 한 권밖에 없다는 것이 아쉽기도 했다. 법정의 책들은 그 해로 다 절판이 되었다. 소리소문 없이 조용하게 절판된 책들은 많지만 해마다 스터디셀러인 책이

저자의 유언에 의해 강제 절판되는 경우는 출판 역사상에서 없었던 일일 것이다. 그해 1993년 판 〈무소유〉가 110만5천원에 낙찰됐다는 기사를 보았다. 당시 정가가 1천500원이었으므로 약 700배가 넘는 가격이다. 무소유를 주장하면서 욕심과 집착을 버리라고 했건만 이 세상의 어리석은 사람들은 자기들끼리 서로 가격을 매겨 소유하려고 하는 모습이 씁쓸하기까지 했다.

1976년에 베스트셀러에 오른 〈무소유〉는 절판된 2010년까지 꾸준히 인기가 있었다. 그는 이 책을 소유하고 있지는 않지만 언제든지 법정의 책들을 도서관에서 빌려 읽을 수 있다는 것에만 만족하기로 했다. 부산 보수동 헌책방에서 본 책은 샘터에서 나온 〈버리고 떠나기〉

였다. 법정이 강원도 오두막 수류산방에 있을 때 쓴 책이었다. 수류산방은 법정이 불일암을 떠나 오대산 자락으로 숨어들어 마지막까지 있던 곳이다. 불일암 수행 이후 1990년대 초부터 지난해 2009년까지 대부분의 기간을 이곳에 있었다. 화전민이 살았던 허름한 집에 그대로 기거했으며 불자들은 이곳을 '토굴'이라 부른다고 한다. 어느 날 법회를 마치자마자 아무에게도 알리지 않고 찾아든 두메산골 오두막은 전기도 통신수단도 없는 곳이있다. 산골에서 개울물을 길어 밥을 해먹고 장작을 패 땔감을 만들어 불을 지피며 살았다.

몇 년 전 방송을 통해 법정의 오두막을 볼 수 있었다. 채마밭에서 손수 채소들을 가꾸는 생전의 모습도 볼 수 있었다. 그 채마밭의 특징은 비닐 멀칭 대신에 지푸라기 멀칭을 해놓았는데 그 모습이 자연답다는 생각을 했었다. 그런데 요즘의 채마밭 모습을 보여주었을 때 그는 실망하지 않을 수 없었다. 지푸라기 대신에 검은 비닐 멀칭이 가득했기 때문이다. 물론 관리의 어려움이 있었겠지만 자연을 사랑한 법정의 뜻을 살리지 못하는 것이 안타까울 뿐이었다.

그는 〈법정스님의 의자〉라는 다큐멘터리 영화를 보면서 법정이 직접 만들었다는 투박한 의자를 보면서 마음이 울컥했던 적이 있었다. 이 의자는 소중한 무언가를 놓치며 하루하루 바쁘게 흘러가는 삶에 지쳐 있는 모두에게 다시 한 번 스스로를 뒤돌아볼 위안 같은 존재였기 때문이다. 이 의자에는 법정의 '무소유' 정신이 깃들어있다. 불일암 거주 시절에 교외에 나올 일이 있을 때 종종 극장을 찾아 조조영화를 봤던 법정스님이 영화 〈빠삐용〉에서 영감을 얻어 참나무 장작개비로 손수 만든 의자이기도 하다.

"의자 이름은 지어둔 게 있어. 빠삐용 의자야. 빠삐용이 절해고도에 갇힌 건 인생을 낭비한 죄였거든. 이 의자에 앉아 나도 인생을 낭비하고 있지는 않은지 생각해보는 거야."

화면을 보면서 낡은 의자에 무념무상의 상태로 앉아 있는 법정의 모습을 상상해 보았다. 영화는 '나'는 어디로 가고 있는지, 지금 어디에 있는지. 그리고 지금 진정한 '나'로 살고 있는지를 계속 묻고 있었다. 스스로의 삶을 되돌아보고, 참된 행복의 의미를 생각해보는 휴식 치유의 의자를 보면서 그가 울컥했던 이유는 무엇 때문이었을까.

양은대야 하나는 영화의 화면 가득 넘친다. 세숫대야 하나만을 43년간 평생 쓴 흔적이 '67년 12월 3일'로 박혀있었다.

"자기 주거 공간 같은 것은 될 수 있으면 단순해야 된다고. 공간이 단순해야 어떤 광활한 정신 공간을 지닐 수 있어요. …무엇인가를 갖게 되면 거기에 붙잡힌다고. 말하자면 가짐을 당하는 거지. …매인 데가 없으니까, 텅 빈 상태에서 충만감을 느끼는 거예요."

직접 인터뷰 한 법정의 육성은 여운이 길었다.

'산에는 꽃이 피네' 등의 책을 함께 내기도 한 류시화 시인은 자신의 홈페이지에 '산이 산을 떠나다'라는 글을 통해 깊은 애도의 뜻을 표하기도 했다. 시인은 법정이 병세가 악화되어 서울의 병원에 있을 때에도 강원도 눈 쌓인 산이 보고 싶어 했다고 전했다. 육신을 벗고 맨 먼저 강원도 눈 쌓인 산을 보러 가셨을 것이라고 적기도 했다. 또 "스님에게 죽음이 무엇인가 묻자 '우레와 같은 침묵으로 돌아가는 일이다'라고 말씀하셨다."라며 법정의 유언을 전했다.

"절대로 다비식 같은 것을 하지 말라. 이 몸뚱아리 하나를 처리하기 위해 소중한 나무들을 베지 말라. 내가 죽으면 강원도 오두막 앞에 내가 늘 좌선하던 커다란 넙적바위가 있으니 남아 있는 땔감 가져다가 그 위에 얹어 놓고 화장해 달라. 수의는 절대 만들지 말고, 내가 입던 옷을 입혀서 태워 달라. 그리고 타고 남은 재는 봄마다 나에게 아름다운 꽃공양을 바치던 오두막 뜰의 철쭉나무 아래 뿌려달라. 그것이 내가 꽃에게 보답하는 길이다. 어떤 거창한 의식도 하지 말고, 세상에 떠들썩하게 알리지 말라."

법정의 유언에 이곳에 대한 애정이 그대로 녹아있었던 셈이다. 이 오두막이 바로 법정의 고향이자 안식처였던 것이다. 그러나 병석에 누워 계실 때 많은 분들이 법정을 설득했고 결국 송광사에서 불교 예법에 따라 다비식을 치렀다. 유골은 서울 길상사와 순천 송광사 불임암, 그리고 오두막 근처에 나뉘어 묻혔다.

법정은 자연에서 삶의 즐거움과 가치를 찾았던 최고의 자연주의자이자 실천가였다. '단순한 삶이 본질적인 삶'이라며 강조하였다. 인생 자체가 늘 복잡하고 미묘하기 때문에 우리가 흔들릴수록 자기를 들여다보면서 단순하게 살아야 된다고 말이다. 법정은 늘 자연과 교감하고, 오두막에서 손수 채마밭을 가꾸어가며 간소하지만 충만한 삶을 살다가 떠났다.

"오늘 큰 산 하나가 산을 떠났습니다.
이 마음과 마찬가지로 그 산이 한동안 텅 비겠지요.
그러나 곧 꽃과 나무들이 그 공의 자리를 채울 겁니다.
사람은 살아서 작별해야 합니다.
그것이 덜 슬프다는 것을 오늘 깨닫습니다."

류시화 시인의 글이 그의 마음에 남는다. 법정이 떠난 자리는 그가 사랑한 자연이 채워줄 것이다. 오두막 뜰의 철쭉나무 아래에 뿌려진 유골은 자연의 양분이 되어서 매년 봄날 활짝 피어 있을 테니까 말이다.

그와 그녀,
그 후 이야기

그녀로부터 건네받은 책은 다름 아
닌 올리비에 롤랭의 〈수단 항구〉였다.
지금은 절판된 이 책을 다시 읽고 싶
어 그녀에게 부탁을 했던 것이다. 〈수
단 항구〉는 20세기의 끝을 마감하는
해에 그가 읽은 마지막 후일담 소설
이었다.

"왜 갑자기 이 책이 읽고 싶은데?"

카페에 앉아 가방에 주섬주섬 책을
꺼내는 그녀를 보면서 박상우의 소설 〈사하라〉를 떠올렸다. 오래 전,

동구권과 소비에트가 무너진 후인 1993년 즈음이었다. 〈사하라〉는 그가 절망에 빠져있을 때 읽었던 책이었다. 사하라의 사막과 수단의 항구, 그의 가슴에 남는 후일담 소설의 시작과 끝이기도 했다. 여름 한철 수단 항구에 분다는 예측불허 하늡스 모랫바람과 사하라가 어쩌면 닮았다는 느낌 때문인지도 모른다. 이 소설을 읽기 전까지 그에게 사막은 그저 바람이 불 때 울리는 모래소리를 듣고 싶을 뿐인 그런 황량한 공간이었다. 하지만 〈사하라〉를 읽고 나서부터 그는 사막의 새로운 매력에 빠져버렸고 그는 닥치는 대로 사막 관련 책들과 다큐멘터리를 보았다.

황량한 사막에도 비가 온다. 비가 온 다음에 사막은 초원으로, 꽃밭으로 변한다. 비가 그친 뒤 두메양귀비로 보이는 노란 꽃들로, 황량한 사막을 끝없이 뒤덮는 애리조나 사막의 아름다운 모습들이 눈에 선할 정도로 잊히지 않았다. 알제리 사막에는 비가 오면 빨강 개양귀비가 끝없이 피어나고, 그 사이로 듬성듬성 보이는 보랏빛 엉겅퀴는 화면으로만 보아도 가슴이 벅차오른다. 그러나 이러한 아름다운 모습도 잠시뿐이다. 곧, 꽃들을 이고 있는 그곳은 다시 본래 그 모습인 황량한 사막으로 돌아간다. 그가 사막을 좋아하는 이유는 그곳에는 찬란한 슬픔이 있기 때문일까. 그의 청춘처럼.

테오도로 모노는 이렇게 말한다.

"사하라는 냉혹한 곳이다. 얼마 안 있으면 우리도 사하라를 닮게 될 것이다. 그리하여, 우리 자신의 고통도 묵묵히 견뎌낼 것이고, 다른 사람들이 고통에 대해서도 무감각해질 것이다."

　냉혹해야만 고통을 견디어 내고 무감각해질 것이라는 이 말이 그에게는 잔인하게 느껴졌다. 그가 사막에 가고 싶은 것은 그런 이유가 아니다. 삭막한 곳에서도 아름다움을 피워내는 모습을 보고 싶기 때문이다. 〈사하라〉 소설의 시작은 아르헨티나 저항 시인 후안 헬만의 시 '눈' 으로 시작된다.

　나는 모른다. 내가 누구인지 누구였는지 오직 나의 혼돈만을 알 뿐

　나는 망상에 망상을 거듭하며 세월을 보냈다

　많이 배우지는 못했고 세상이 바뀌는 걸 보았다

　또 세상엔 아랑곳없는 연인들의 키스 소리를 들었다

　또 혁명을 위해 살고 혁명을 위해 죽는 것을

　그리고 총알을 맞고 너무나 짧은 길의 마지막에 다다른 자들 곁에서

　그들의 두 눈을 바라보는 것보다

　더 아름다운 것은 이 세상에 없다

　이 시는 소설 속 정훈과 은애가 젊은 시절 듣던 아말리아 로드리게스의 '말디카오(Maldicao :어두운 숙명)' 라는 노래와 함께 이 소설의 의도적인 장치이자 테마이기도 하다.

"무슨 운명이, 무슨 저주가 우리로 하여금 이토록 헤어져 방황하게 하며 우리를 지배하는가? 우리는 침묵한 두 울부짖음, 서로 엇갈린 두 운명, 하나가 될 수 없는 두 연인. 나는 그대로 인해 고통을 받으며 죽어갑니다. 그대를 만나지도, 이해하지도 못한 채 말입니다……."

그녀의 스마트폰에서 아말리아 로드리게스의 노래가 흘러 나왔다.

"이 노래 맞지? 근데 이 노래를 찾으려고 유튜브를 뒤졌는데 이 동영상이 나오더라."

그녀가 건넨 동영상 화면에는 세월호의 노란 리본이 가득 매달려 있었다.

〈수단 항구〉는 실패로 끝난 1968년 5월 혁명을 함께 겪었던 두 남자와 이후 세대인 한 여자의 이야기를 다루고 있다. 그들은 세상을 변화시켜 보겠다며 원대하고 막연한 포부를 가졌으나 세상에서 살아남기 위해 직업을 선택하지 않을 수 없었다. A는 문학을, 한 남자는 항해를 택했다. (한 여자는 끝내 A를 떠나버린다) 그 남자에게 항해는 이를 테면 스스로 선택한 유배인 셈이다. 그렇다 유배다. 그도 이 책을 건넨 그녀도 동시에 겪은 유배다. 이보 전진을 위한 일보 후퇴다, 애국적 사회 진출이다 뭐다 온갖 화려한 수식어가 붙는다고 하더라도 80년대를 몸으로 겪은 사람들이라면 알 것이다. 자본주의 사회질서에 편입된다는 게 유배가 아니고 무엇이랴.

수십 년째 내란으로 무정부상태에 빠져 있는 나라. 제대로 관리하지 않아 무역선이 오고 가기도 어려운, 그 나라 유일한 국제항구. 살인과 폭력이 난무하고, 마약과 인신매매가 횡행하는 곳. 뜨거운 누비아 사막의 모래바람이 수시로 불어오고, 시체를 찾아 헤매는 독수리 떼가 어슬렁거리는 곳. 이곳이 유배지 수단항구의 모습이고 그가 속한 현실의 모습과 다르지 않았다.

실패한 혁명에 대한 미련과 나르시스적인 향수가 이 소설의 동기는 아니었습니다. 하지만 나는 역사가 진정으로 우리 삶 속에 파고들었던 그 시절, 유럽의 도덕적 몰락을 다 함께 염려하던 그 시절, 살기와 쓰기의 접점을 추구하던 그 시절을 그리워하지 않을 수 없었습니다.

작가의 말을 통해 그는 혁명 세대로 비유되는 두 남자의 연결고리를 찾을 수 있었다. 바로 '살기와 쓰기'였다. 그들은 어떻게든 살아내야 했고, 과거든 현재든 써내려가야 했다. 주인공은 혁명 실패 후 25년 만에 날아든 친구의 자살 소식을 듣는다. 그것은 '여보게, 친구'로 시작되는 단 한 줄의 쓰다만 편지였다. 주인공은 편지의 차마 쓰지 못했던, 아니 쓰기 힘들었던 나머지 글들을 채우기 위해 파리로 간다. 거기서 친구를 버린 한 여자 이야기를 듣게 된다. '여보게 친구' 다음에 썼을 편지 내용은 무엇일까.

'우리, 즉 A와 나는 약 25년 전(1968년)에 서로 알게 된 사이였다. 우리는 그 당시에 원대하면서도 막연한 희망을 공유하고 있었다. 세 상을 변화시켜 보겠다는 그 이상에는 모험으로 가득 한 삶에 대한 기 대감이 뒤섞여 있었다. 나는 그 시절을 결단코 경멸하지도 않을 것이 고, 그것을 비웃는 사람들에 합류하지도 않을 것이다. 그 후로 갖가지 심각하고 까다로운 일들을 수도 없이 겪게 되었지만, 그 당시 우리의 사전에는 두려움도 시기심도 비겁함도 없었다. 우리는 신을 믿지도 않았지만, 우스꽝스럽게도 부르주아라는 화신을 가진 악마를 신봉하 지도 않았다. 우리는 지극히 대담했으며 다감했다. 우리의 젊음을 욕 되게 하지 않기에는 그것으로 충분했다. 하지만 이윽고 그것도 끝이 나지 않으면 안 되었다. 무기력한 세계가 승리를 거두었고, 그런 세계 에 대항하던 우리의 젊은이다운 활력은 이미 고갈되었으며, 다른 시 대에도 그랬듯이 절대적인 신념은 정치로 썩어 들어갔고, 관객들은 뻔해진 싸움의 결말에 박수를 보냈다.'

A가 쓰다만 편지의 나머지는 꾸깃꾸깃 구겨지거나 공처럼 꽉꽉 말린 종잇장처럼 굴러다녔다고 한다. 쓰레기처럼 말이다. 그 쓰레기에는 그 여인의 배반에 대한 안타까움이 숨어 있었을 것이다. 그 여인은 혁명 세대를 잇지 못하는 시대의 불임 같은 존재이지 않았을까? 그가 삶을 마감한 이유도 살아보았자, 삶을 이어보았자 그 여인의 자궁 안에서 목 숨을 부지할 가치가 없는 불임의 단절감을 느꼈기 때문이 아닐까?

그는 주인공이 편지를 재구성하려고 했던 이유에 대해 생각해 보았다. 그들의 공감할 수 있는 것은 단지 과거의 실패한 혁명의 경험이었을 뿐이었다. 자살한 A가 느꼈을 상실감과 한 여인으로부터 버림받은 고통을 상상하는 주인공의 모습을 보고 그는 가슴이 저렸다. 몇 년 전 경제적 궁핍과 우울증으로 세상을 떠난 친구의 죽음이 떠올랐기 때문이다. 그는 그 친구가 힘들어 할 때 곁에 있어주지 못한 자신을 자책했다. 하지만 주인공은 그와 달랐다. 주인공이 쓰다만 편지의 나머지 여백들을 굳이 찾으려 하는 이유는 무엇이었을까. 아마도 실패한 혁명이었지만 그들에게 유일하게 공감할 수 있는 희망의 끈을 놓지 않았기 때문이 아니었을까?

이 소설의 서술기법은 현란한 수사(修辭)로 가득하다. 때로는 한 문장이 한 페이지를 넘나들기도 해서 그는 숨 가쁘게 소설을 읽어야 했다. 어쩌면 작가는 이러한 수사적 표현으로A에 대한, 한 시대에 대한 조사(弔辭)를 쓰고 싶었는지도 모른다.

한 때는 모두 한 방향으로 가고 있었다고 믿었으나, 이제는 황량한 벌판에 추락한 비행기의 생존자들처럼, 먹을 것인가 먹힐 것인가 서로 노려보며 으르렁거리는 곳이 25년 만에 찾아간 파리의 현실이었다. 그곳은 돈이 인격이 되고, 인격이 명성이 되고, 명성이 다시 돈이 되는 놀이판은 미친 듯이 돌아가고 있었다. 사람들은 그곳에서 떨어질까 봐, 그곳에 끼이지 못해 안달을 하고, 온갖 외면과 자기 합리화로 떡화장을 하고, 판단을 가진 자들의 도박판이 되어버린 곳이었다. 패배가 예정된 싸움일지라도 한 번 싸워보지도, 준비해보지도 못하고 격류에 휩쓸려가는 곳, 1990년대 주인공이 본 파리는 그러했다.

동구와 소비에트의 붕괴와 자본의 전 세계적인 승리와 한 놈에게 모두 몰아주자는 신자유주의의 득세는 그와 그녀, 동료들에게는 넋 놓을 충격 그 자체였다. 1990년대 초반은 그 충격을 추스르는 시기였다면, 이 책은, 그런 충격으로부터 벗어나면서, 우리에게 이제 우리는 어디에서부터 시작해야 하는가를 진지하게 묻고 있다.

멍하게 스마트폰 노래를 반복해서 듣고 있는 그를 보며 그녀가 웃는다.

"그만 봐, 나 이제 일어나야 해. 내가 그 노래 보내줄게."

"그래, 먼저 일어나라."

총총 걸음으로 사라지는 그녀의 가방에 매달려 있는 노란 리본이 오늘따라 눈부셨다.

그리운 시절,
그 시절이 있어서
행복하다

다시,
홀로서기

"바닷바람을 실어 보내요. 이 책 받을 대는 서울 도착해 있겠죠. 1989. 5. 16."

광주 계림동 헌책방에서 본 〈홀로서기〉 시집을 열자 예쁜 글씨체로 이런 글귀가 적혀 있었다. 아마도 글씨체의 주인공은 바닷가 근처의 서점에서 이 시집을 사서 우체국으로 소포를 보냈겠지. 책 주인은 이 글씨체를 보면서 흐뭇한 미소로 시집을 보았을 것이다. 시간이 흘러 20여 년이 지나 헌책방에서 발견된 것을 보면 책 주인의 책장에 한참 꽂혀 있었을 것이다. 글씨체의 주인공이 서울에 도착한 이후 책 주인을 만났을 때 시집 이야기를 했겠지. 그는 멋대로 상상해 보았다. 헌책방에서 이런 글씨를 발견했을 때 그는 기쁘고 반갑다. 어떨 때는 동네서점 이름이 적힌 책갈피가 끼워 있기도 하고 메모지가 발견되기도 한다. 밑줄 친 부분이 있으면 유심히 보게 된다.

이 책을 출판한 청하에서는 〈홀로서기〉의 폭발적인 반응을 전혀 예상하지 못했다고 한다. 며칠 만에 품절이 되어 저자에게 내려 보낸 500부를 다시 보내줄 것을 요청하기도 했으며, 3일 만에 중판지시가 내려지기도 했다. 당황한 출판사 측에서 정보를 수집한 결과 이미 〈홀로서기〉는 출판되기 3, 4년 전부터 독자들의 인지도가 폭넓게 확산되고 있었다는 사실을 알아냈다. 1981년도 시인이 영남대학교 재학시절 대학교지에 발표한 후 대구를 중심으로 복사본과 필사본이 광범위하게 퍼지고 있었다고 한다. 여학생들의 편지에 인용되고, 방송가의 전파를 타면서 이미 독자층을 확보하고 있었던 셈이다. 독자들은 1987년 출간되기 3년 전부터 시의 필자가 누군지도 모른 채 서점에서 이 책을 찾았다고 한다. 이미 〈홀로서기〉란 상호의 카페 벽면에 시가 걸려 있어, 종로서적에서는 일부러 그 시를 복사해 준비해 두고 시집을 찾는 독자들에게 나눠줬다고 한다.

기다림은

만남을 목적으로 하지 않아도

좋다.

가슴이 아프면 아픈 채로,

바람이 불면

고개를 높이 쳐들면서, 날라는

아득한 미소.

〈홀로서기〉의 서두 부분을 보면 평이하고 일상적이기까지 한 이 시가 독자들의 마음을 사로잡은 이유는 무엇일까? 그것은 누구나 한 번쯤 겪었을 법한 사랑의 아픔과 방황 우울 등 인간이 지닌 보편적 감성을 노래했기 때문이 아닐까 싶다. 당시 시대적 아픔을 노래한 체제 비판적 민중시가 아닌 따듯한 서정시에 독자들이 목말라 있었던 것이다. 〈홀로서기〉가 독자들의 뜨거운 호응을 받은 것은 비평가의 주목이나 대중매체의 선전과 무관하다. 수녀시인 이해인이나 도종환의 〈접시꽃당신〉 등도 마찬가지였다.

그의 학창시절 선물로 받은 책 중의 하나가 이해인의 〈오늘은 내가 반달로 떠도〉라는 시집이다. 그것도 엄마로부터 받았는데 그와 엄마의 세례명이 적혀 있고, '대치동 성당에서' 라는 메모를 보아 성당에서 구입한 책인 듯싶다. 1984년 10월 26일이라는 날짜를 보니 그날 하루는 어떠했는지 궁금하기도 하다. 그는 학창시절에 책을 사면 날짜와

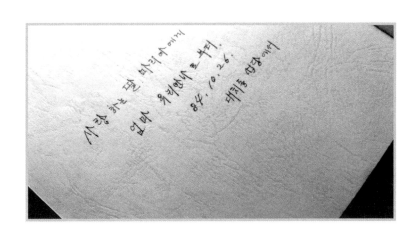

함께 간단한 메모와 소감을 적곤 했다. 그러나 언젠가부터 이런 습관들은 뭔가 특별한 책을 구입할 때만이 행한다. 가끔 아무 표시도 없는 책을 보면 간단한 메모와 날짜만이라도 적어 놓지 못한 것을 후회하기도 한다. 그럴 때마다 펜을 꾹꾹 눌러 예쁜 글씨체로 적었던 그의 흔적들이 없는 것이 아쉽다는 생각을 했다. 이 시집을 펼치면서 정성스럽게 쓴 엄마의 마음이 느껴져 문자를 보냈더니 "옛날 30년 전이다. 항상 기도 속에서 만나자."라며 하트를 보냈다.

　손 시린 裸木의 가지 끝에

　홀로 앉은 바람 같은

　목숨의 빛깔

그대의 빈 하늘 위에
오늘은 내가 반달로 떠도
차 오르는 빛 (…)

〈오늘을 내가 반달로 떠도〉의 일부분이다. 반달은 어둠과 빛이 공존하는 달이다. 나머지 반을 채워야 보름달로 채워지는 반달은 늘 진리를 추구하려는 구도자의 자세를 의미한다고 볼 수 있다. 이해인의 시들은 주로 신에 대한 절대적 헌신과 그리움을 담고 있지만 그렇다고 이런 종교적 색채가 부담스럽게 느껴지지 않는다. 그 이유는 맑고 투명한 서정성으로 다가오기 때문이다. 이 시집의 서문에서 구상 시인은 이해인을 미국 현대시의 맏누이라고 불리는 에밀리 디킨슨에 비견하기도 했다. 첫 시집인 〈민들레의 영토〉는 수도원에서 하룻밤을 묵던 홍윤숙 시인이 이해인의 시 노트를 보고는, 혼자 읽기에는 아깝다며 시집 제목을 정해주었다고 한다. 여전히 이해인의 시들은 독자들의 사랑을 꾸준히 받고 있다.

도종환 시인의 〈접시꽃 당신〉은 결혼 2년 만에 아내를 암으로 잃고 매주 묘소를 찾는 동안에 쓴 순애보적인 시들이 실려 있다. 도종환이 쓴 몇 편의 시가 분단시대 동인들의 시집 〈분단시대 판화시집〉에 실려 교사였던 시인은 도교육청 장학사로부터 조사를 받기도 했다. 장학사는 〈접시꽃 당신〉의 '보다 큰 아픔을 껴안고 죽어가는 사람들이 / 우리 주위엔 언제나 많은데 / 나 하나 육신의 절망과 질병으로 쓰러져야 하는 것이 / 가슴아픈 일임을 생각해야 합니다.' 와 〈암병동〉의 '희망이 있는 싸움은 행복하여라 / 믿음이 있는 싸움은 행복하여라.' 라는 구절을 문제 삼았다. 죽어가는 사람들이 누구인지 싸움이 무엇인지 집요하게 캐물었다고 하는데 지금 살펴보면 웃음밖에 안 나올 정도지만 1986년 당시에는 그랬다. 결국 시인은 두 살 아들과 갓 태어난 딸을 청주에 남겨두고 옥천의 중학교로 쫓겨나게 되었다. 당시 상황을 쓴 시인의 시를 소개해 본다.

영암산 골이 깊어 바람이 길다
시를 쓰는 것이 죄가 되는 세상에 태어나
몇 편 시에 생애를 걸고 옮겨 딛는 걸음이 무겁다
새해엔 또 어디로 쫓기어 갈 것인가
아직 돌도 안 지난 아이를 노모께 맡기고
겨우 말을 배우기 시작하는 큰애가 문에 서서
빨리 다녀오라고 민들레처럼 손을 흔들 때
자주 오지 못하리란 말일랑 차마 못하고
손을 마주 흔들다 돌아서며
아내여, 당신을 생각했다
이 싸움은 죽어서도 끝날 수 없는 싸움임을 생각했다
세상을 옮겨간 당신까지 다시 돌아와
아이들을 지켜주어야 하는 싸움임을 생각했다 (…)

〈옥천에 와서〉라는 시 일부를 보더라도 당시 시인의 안타까움과 비장함이 느껴진다. 당시 〈조선일보〉기자가 시집 교정쇄를 보고 옥천으로 인터뷰를 하러 갔다가 교감의 신고로 그 기자는 신원이 확인될 때까지 잡혀있었다고 한다. 결국 신문의 기사가 나간 후 하루 수십 통의 격려전화가 쏟아지고, 결국 시인의 사정을 딱하게 여긴 학부모들의 탄원서로 아이들과 함께 살 수 있게 되었다는 일화도 전해진다.

작가이자 평론가 장석주는 독자들 사이에서 자생적으로 일어난 이러한 반응들에 대해서 기존의 시인들이 보여주지 못한 새로움과 갈망을 충족시키고 있기 때문이라고 했다. 장석주는 이들 시의 가장 큰 특징을 처음 접하는 독자들이라도 쉽게 이해할 수 있는 간명한 비유와 보편성을 들었다. 세련된 기교나 수사법이 아닌 시의 대상에 대한 정직함, 일반 사람들의 정서로 수용하기 적당한 감동의 세계를 다루었기 때문이라는 것이다.

시인이자 평론가인 박덕규는 서정윤의 〈홀로서기〉 해설에서 이렇게 밝히고 있다.

"이 세상을 긍정적으로 이해하는 사람, 즉 긍정적 세계관의 사람은 죄, 어둠, 고통 따위를 감싸 안고 죄진 사람끼리 손잡고 살면 사랑, 빛, 희망의 세상을 만들 수 있다고 믿는 사람이다"

그런 사람이 바로 그런 긍정적 세계관의 사람이라는 것이다. 그가 좋아하는 시 취향은 아니었으나 영혼이 맑은 사람이라고 믿었던 시인이었는데 얼마 전 실망스런 뉴스를 접하게 되었다. 이 사건으로 한국 문인협회에서도 제명할 방침이라고 한다. 시인의 시 일부를 다시 읊어 보면서 그의 뼈아픈 '홀로 서기'를 조심스럽게 기대해 본다.

(…)
그 끝없는 고독과의 투쟁을
혼자의 힘으로 견디어야 한다.
부리에,
피가 맺혀도
아무도 도와주지 않는다.

숱한 불면의 밤을 새우며
〈홀로 서기〉를 익혀야 한다 (…)

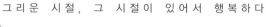

그 리 운 시 절 , 그 시 절 이 있 어 서 행 복 하 다

가라! 내 손짓에 따라,

네 젊은 날을 이용하고

이 때에 현명해지기 위해 노력하라.

거대한 행운의 저울 위에서

지침이 평형을 이루는 순간은 드물다.

그대는 비상하지 않으면 곤두박질 쳐야 하고,

승리하여 지배하거나

패배하여 복종할 수밖에 없으니,

고통을 겪거나 승리에 취하고

모루가 아니면 망치가 돼야 한다.

'비상과 추락, 승리나 패배, 지배나 복종이라니…'

발타자르 그라시안이 쓴 〈세상을 보는 지혜〉 책을 펼치는 순간 괴테의 이 말이 그의 눈에 거슬렸다. 더구나 모루와 망치라는 비유가 마음에 들지 않았다. 모루는 대장간에서 달군 쇠를 올려놓고 두드릴 때 받침으로 쓰는 쇳덩이를 말한다. 망치질을 할  때 이 모루가 없으면 제대로 된 모양을 만들 수가 없다. 모루와 망치는 대립적인 관계가 아니라 상호보완적인 관계이지 않는가.

"우리는 오늘날 모루입니다. 우리는 다시 한 번 망치를 벼리어 그 모루를 내리쳐야 합니다. 독일의 검이 완성될 때까지!"

이 말을 인용한 사람은 히틀러이다. 괴테가 썼다는 이 말의 강렬함을 히틀러도 알고 있었던 것이다. 중년이 되어 이 책을 다시 집어든 지금 그의 생각도 변하지 않았다.

하지만 그는 힘든 시기, 이 책을 읽고 용기를 얻었던 사람들이 많았던 것은 사실이다. 그에게 소설이나 시, 교양서적 등이 읽히지 않았던 때가 있었다. 사실 그는 이런 부류의 책들을 처음으로 읽었다. 그가 원해서가 아니라 의무적으로 읽었다. 이 책의 광고에는 '소중한 사람의 인생 앞에 놓아주고 싶은 책!' 이란 카피가 일관되게 사용되고 있었다. 그는 책에 대한 삐딱한 마음을 잠시 접고 작가가 말하는 인생의 지혜를 예의 차원에서라도 읽으리라고 마음을 고쳐먹었다.

17세기 스페인의 수도사인 발타자르 그라시안은 시인이자 철학자이기도 하다. 그라시안은 현실 사회에서 인간이 악으로 기울어지는 경향을 피할 수 없다고 생각했다. 이기심과 악의와 허영심으로 가득 찬 존재인 인간들 속에서 함께 살아가기 위해서는 특별한 지혜가 요

구된다고 말하고 있다. 예수회 소속이었던 발타자르는 조직의 허락 없이 책을 출간했다는 죄목으로 옥에 갇혀 빵과 물만 먹으며 속죄를 해야 했다고 한다. 책 내용이 문제가 된 것은 아니었지만 중세의 엄격한 시대 상황 속에서 자유로운 출간은 제약이 많을 수밖에 없었을 것이다. 발타자르 그라시안의 명상록을 쇼펜하우어는 '인간에 관한 통찰이 가득 찬 작품'이라며 독일어로 편역한 책을 다시 한국어로 옮긴 것이 이 책이다.

이 책은 아름답거나 감동적인 문구는 없으나 현실적인 언어로 우리의 약점을 다 알고 있는 듯한 느낌을 받는다. 이는 대가다운 기지 넘치는 역설도 있고 번뜩이는 신랄함도 있어서 그의 마음을 이미 들킨 듯 섬뜩할 때도 있었다.

'인생에 필요한 것을 두 배로 갖추어라. 그러면 생활 역시 두 배의 가치를 지닐 것이다.' 본문이 시작되기 전 적혀 있는 글이다. 작가는 아무리 중요한 일이라도 그것에만 매달리거나 억압되어서는 안 된다고 강조하고 있다. 자연이 가장 중요한 신체부위를 두 개씩 주었듯이, 우리가 의지하는 것들을 곱절로 가지도록 노력해야만 인생을 제대로 즐길 수 있다는 것이다. 이 책은 사람과 사람의 관계나 사회적 처세에 대해서 현실적이고 구체적인 언어로 풀어냈고 이야기가 짧아서 읽기에 편했던 책이다. 하지만 이 책은 권모술수를 가르치는 얄팍한 처세술은 아니다.

행복한 자와 불행한 자를 식별하라. 그리하여 행복한 자를 곁에 두고 불행한 자를 멀리 하라. 불행은 대개 어리석음의 대가이며, 그에 가담하는 사람에게 가장 거세게 전염되는 질병이다. 아무리 작은 재앙에도 문을 열어주어서는 안 된다. 그 뒤에는 언제나 더 크고 많은 재앙이 숨어있기 때문이다.

그는 이 문구를 보고 글쓴이의 부정적이고 비관적인 세계관을 이해하지 못했다. 그러나 스스로 그 안에 숨어있는 이기심에 고개를 끄덕이고 말았다. 그 자신에게도 이럴 때가 있다는 것을 말이다. 그는 행복한 자와 불행한 자를 식별하면서 사람 관계를 하고 싶지는 않지만 그 스스로 견디지 못할 정도로 힘들 때는 부정적인 것들을 피하고자 하는 자신을 발견했기 때문이다.

또 이 책은 '거절할 줄도 알라' 라고도 충고한다. 우리말에서 '거절'은 개인과 개인 사이에서 쓰이지만 '거부' 는 주로 개인과 집단, 집단과 집단 사이에서 사용된다. 거부는 사회적 이해관계를 따지면서 하게 되기 때문에 상대에게 미안하지는 않는다. 그러나 거절할 때는 개인적 친분이 있는 인간관계가 얽히기 때문에 상대를 배려하면서 거절하기는 쉽지가 않다.

그가 한때 거절을 하지 못해 낭패를 본 경험이 많았다. 일단은 그가 할 수 있는 일이라면 승낙하고 말았다. 그러나 남들이 그에게 부탁한 일들은 그가 할 수 있는 일이었지만 많은 무리가 따르는 일이었다. 그

것으로 인해 그는 많은 불편함을 감수해야했다. 보험을 한 친구들의 보험을 다 들어준 후 몇 달 동안 열심히 보험금을 붓다가 그의 형편이 힘들어지면 해지를 하곤 했다. 또 친구의 보증을 거절하지 못했다가 친구 빚까지 떠안기도 했다. 결혼 후 이 문제로 인해 아내와 많이 다투었다. 결국 지금은 그가 도와줄 형편이 되지 않자 친구들도 그에게 무리한 부탁을 하지 않게 되었다. 하지만 그에게 아직도 거절하는 방법이 서툰 것은 방법을 몰라서가 아니라 상대에게 자신의 모습을 다 들켜버렸기 때문일 것이다. 이 책은 그런 부류들을 향해 이렇게 충고한다.

헤아릴 수 없는 능력. 모든 이의 존경을 받고자 한다면 자신의 지식과 능력을 전부 다 헤아릴 수 없게 하라. 지혜로운 자는 자신을 알게는 하지만 자신을 헤아릴 수는 없게 한다. 그 누구도 그의 능력의 한계를 알아서는 안 된다. 실망할 위험이 있기 때문이다. 재능이 어느 정도이든 정확히 아는 것보다는 추측과 의심을 갖는 것이 더 큰 숭배를 불러일으킨다.

여기서는 '안다'는 것과 '헤아린다'는 것의 차이를 분명히 밝히고 있다. 그 기준은 능력의 한계를 드러내지 말라는 것에 있다. 이 말은 사회생활에서의 처세술을 말하고 있다. 단기적으로는 이런 방법들이 통할 수 있다. 그러나 자신의 지식과 능력은 처음엔 드러나지 않지만 시간이 지나면 다 드러나기 마련이다. 아니면 드러나지 않기 위해서 지금까지와는 다른 몇 배의 노력을 해야 한다. 하지만 사회생활에서 자신이 할 수 있는 것과 아닌 것을 분명히 있다. 그 말은 사람마다의 능력의 차이가 있다는 의미이다. 그 능력의 차이는 우월과 열등의 차이가 아니다. 자신의 자질에 맞는 일을 맡아서 최선을 다해 한계적인 능력을 끌어올리는 것은 개인만의 몫이 아니라 사회집단에서도 필요한 일이 아닐까 생각해 보았다. 그가 책에서 그나마 마음에 드는 말은 이것이다.

쉬운 일은 어려운 것처럼, 어려운 일은 쉬운 것처럼 하라. 쉬운 일을 할 때는 우리의 자신감이 부주의를 낳지 않게 하고, 어려운 일을 할 때는 소심함이 용기를 꺾지 않게 하라. 어떤 일이 마무리되지 않는 것은 그 일을 너무 쉽게 생각해서이다. 반대의 경우는 근면과 노력으로 불가능이 가능해진다. 커다란 의무를 두려워해서는 안 된다. 그렇지 않으면 조그마한 어려움에도 우리의 행동력이 마비되기 때문이다.

그가 자기계발서 책들을 좋아하지 않는 이유는 사회구조적인 문제를 개인의 노력이나 의지로 해결하라고 충고하는 것 때문이었다. 그러나 독자들이 이런 책들을 좋아하는 이유는 단 하나라도 막힌 속을 뚫어주는 것 같은 명쾌함 때문이다. 어쩌면 사람들은 많은 시간과 과정이 필요한 사회구조적인 변화보다, 개인의 한계와 문제에 천착하는 것인지도 모른다. 그렇다고 세상의 문제에 대해 손 놓고 자기 자신만을 다스린다면 어떻게 될까. 이론적으로는 이런 마음을 단련하고 지혜를 터득한 개인들이 많이 모일수록 그 사회는 맑고 투명할 것이다. 그러나 개인의 그 과정이 주변을 돌아보지 못하는 눈 먼 자가 될 수도 있다는 생각에 그는 쓸쓸하다. 사람들 대부분은 모루가 아닌 망치가 되고 싶어할 것이다. 그러나 모두들 망치가 된다면 그 망치의 모양새는 누가 잡아줄 것인가.

최후 인디언의 기록

'아아아~ 인디언~ 밥!'

그가 인디언에 대해서 기억하는 것은 솔직히 말하면 과자 '인디언 밥'이다. 요즘 나오는 시리얼이 없었던 시기에 우유에 말아먹는 어린이들의 간식은 정말 특별한 맛이었다. 인디언들은 실제로 옥수수를 주식으로 했다고 나왔다. 실제로 과자 봉지에도 인디안 밥은 순수한 옥수수를 식물성 기름인 팜올레인유로 튀긴 스낵으로 고소한 옥수수의 맛과 버터향을 느낄 수 있는 영양만점의 스낵이라고 광고를 했었다. 이 과자가 나온 시기가 1976년 3월이니 그가 인디언에 대한 첫 기억이 '과자'라고 하는 것이 전혀 부끄러운 것은 아니다.

그 후로 친구들과 놀이를 하면서 인디언 밥이라며 게임에서 진 친

구를 엎드리게 하고 등을 마구 두들기던 추억도 새록새록하다. 등이 얼얼할 정도로 세차게 얻어맞았던 기억들을 이 벌칙을 받을 사람은 기억할 것이다. 그러던 어느 날 인디언들이 나오는 영화를 보게 되었다. 버트 랭카스터와 진 피터스가 나오는 〈아파치〉였다. 영화에서 본 인디언들의 모습은 인디언밥 과자처럼 즐거운 추억의 소재가 아니었다. 여기서 그는 인디언 최후의 전사 제로미노의 존재를 알았다.

지금은 절판된 이 책을 헌책방에서 발견한 것은 어쩌면 행운이었는지도 모른다. 그물코에서 나온 〈인디언추장연설문〉에는 제로니모의 연설이 나오기 때문이다.

2004년 발행된 이 책은 인디언 연설가들 자료의 원형을 찾기 위한 노력들이 배어나는 책이다. 풀꽃평화연구소에서 그물코 이름으로 펴낸 환경책 기획물이기도 하다. 본문이 재생용지로 되어 있어 책을 넘길 때의 조금 거친 질감들이 그는 마음에 들었다.

인디언들은 부족회의가 열릴 때면 화톳불 주변에 둘러앉아 부족의 문제들을 결정했다고 한다. 젊은이들은 회의에 참석하여 추장이나 지도자나 말하는 연설을 들으며 전하는 이야기를 지켰다. 그런데 안타깝게도 여기에 나와 있는 연설들은 인디언들이 이미 이방인들에게 불이익을 당하도록 결정되어 있는 상황에서 행해진 것이다. 삶이냐 죽음이냐, 저항할 것인가 순응할 것인가를 놓고 선택을 할 수밖에 없었던 인디언들의 연설에서 상황의 긴박감이 느껴진다.

먼저 그는 제로니모의 연설부터 뒤적여보았다. 제로니모는 미 남서부 아파치 지도자로 전설적인 인물이었다. 제로니모는 스페인어를 쓰는 멕시코 군이 붙인 별명이다. 신출귀몰한 행적으로 나타나는 모습에 두려움을 느낀 멕시코 군인들이 가톨릭 성인인 제롬(Geronimo)의 이름을 부르며 기도를 했다는 데서 유래했다고 한다. 제로니모는 자신의 아내와 세 아이, 어머니가 멕시코 군에게 살해당한 뒤로 소수의 정예단을 만들어 미군, 멕시코군 등을 상대로 저항을 했다. '하품하는 사람'이라는 이름의 뜻과 달리 뛰어난 책략과 날렵함으로 멕시코 군과 미 기병대의 허를 찔렀다. 여러 번 포로로 잡혔으나 그 때마다 탈출하여 명성이 높아졌으나 결국 잡혀, 끝내 미국에 동화되었다. 연설은 그가 체포되기 몇 개월 전, 뉴멕시코에서 열린 한 회담에서 행한 것이다.

사람들이 나를 나쁜 사람이라고 말할 때, 나는 평화롭게 살면서 만족하고 있었습니다. 도대체 누가 그런 이야기를 처음 시작했는지 알고 싶습니다. (…) 미국인이든 인디언이든 사람을 죽인 일도 없고, 말 한 마리도 죽인 적이 없습니다.

그는 이 연설을 보면 백인 아이들도 "제레니모가 온다"고 하면 울음을 그칠 정도의 전설적인 소문들에 대해 의아심을 가지지 않을 수 없었다. 브리태니커 사전에서도 제로니모는 '약탈을 감행하여 남서부

지역을 유혈의 혼란 속으로 빠뜨렸다'고 소개하고 있다. 그런데 연설에는 자신은 아무 죄가 없는데 백인들이 자신을 체포하려고 하고, 신문에서 자신이 교수형을 당해야 마땅하다고 하는 기사가 실리고 있는지 모르겠다고 말하고 있다. 아마도 이 회담에서 백인들이 아파치 추장들과 협상을 시도했던 자리라는 것을 감안했기 때문일 수도 있다.

제로니모는 결국 1886년 9월 4일 애리조나 보위 캠프에서 항복했다. 마지막 전투에서는 약 5천 명의 군대가 36명의 아파치족을 추격했는데 여자들과 어린아이들도 포함한 숫자라고 한다. 포로가 된 인디언들은 결국 오클라호마 실 요새로 이송되어 1909년 2월 17일에 폐렴으로 사망했다. 알코올중독으로 말에서 떨어져 부상을 입고 겨울비까지 맞아 폐렴이 걸린 것이라는 말도 있으나 이 책에서는 나와 있지 않다. 만약 알코올중독에 걸렸다는 것이 사실이라면 악명을 떨친 최후의 전사 모습치고는 너무 인간적인 것 같다는 생각이 들었다.

이 책 표지에는 수우족 족장인 '차는곰(Kicking Bear)' 사진이 그려져 있다. 머리에 인디언 깃털 하나를 꽂은 채 그를 쳐다보는 눈매가 날카로웠다. 차는곰은 1890년경에 인디언들의 유령춤 운동에 참여하여 지도력을 발휘해 명성을 얻은 인물로, 거칠고 정력적인 사람이었다고 한다.

나는 사람 키 다섯 길 깊이로 새 흙으로 땅을 덮을 것이며, 모든 백인들은 이 새로운 흙 아래 매장될 것이고, 모든 구멍들과 썩은 곳들이 메워지게 될 것이다. 새로운 땅은 향기로운 풀들과 흐르는 물과 나무들로 뒤덮일 것이며, 들소와 조랑말 떼가 그 위에 흩어져 살아갈 것이다. (…) 내가 새 땅을 만들어 새로운 땅의 파도가 이는 동안, 이 메시지를 믿고 춤추며 기도한 인디언들만이 공중으로 들려질 것이며, 나를 의심하는 자들은 땅에 버려질 것이다.

차는곰은 이 연설문에서 자신이 백인들에게서 화약을 만드는 기술을 빼앗을 것이라고 말한다. 만일 백인들을 믿는 자들이 사용하게 될 때 '불이 붙어서 그들을 죽이게 될 것이다'며 백인들에 대한 강한 적개심을 드러내고 있다. 차는곰의 연설은 1890년에 열린 수우족 인디언들의 한 회의에서 진행된 것이다. 인디언 연설들의 특징은 연설가의 놀라운 기억력뿐만 아니라 이를 기억해 내는 청중의 능력에 있다. 이 연설은 회의에 참석했던 키작은황소가 제임스 맥래플린 대령에게 반복해서 들려준 내용이라고 하니 대단한 기억력이다.

이 책의 부록에는 널리 인용되는 인디언 연설 중 하나인 '인디언 문제에 대한 인디언의 시각'이 전문이 실려 있다. 1879년에 발간된 〈노스 아메리칸 리뷰〉지가 이 제목으로 네즈퍼스족 추장인 조셉의 연설을 실은 것이다.

나를 자유인으로 내버려 두십시오. 여행할 자유, 머무를 자유, 일할 자유, 내가 선택하는 곳에서 거래할 자유, 나의 스승들을 선택할 자유, 나의 아버지들의 종교를 따를 자유, 나 스스로 생각하고 말하고 행동할 자유를 주십시오. 그러면 나도 모든 법에 순종하고 그 형벌에 순응하겠습니다.

누군가의 말처럼 '미국의 건국사는 곧 아메리카 인디언들의 멸망사' 이다. 신대륙의 발견은 그곳 원주민들에게는 조상대대로 살고 있었던 터전을 뺏긴 치욕을 의미하기도 하다. 고향으로 돌아갈 자유도 없이 인디언 보호구역으로 쫓겨난 당시 인디언들은, 결국 야생동물보호구역에 있는 동물들보다 못한 삶을 살지 않았나 하는 생각이 든다.

추억의 팝송으로
만난 화가, 고흐

대전 원동 중앙시장 헌책방골목을 걷고 있을 때였다. 익숙한 트럼 펫 소리가 들려 발길을 옮겨 보았더니 중고 LP판 전문점 '턴턴턴'이 었다. 그는 사실 LP판 세대가 아닌 테이프 세대였지만 어릴 적 LP판으로 음악을 들은 기억은 있다. 아버지는 턴테이블과 LP판을 버리지 않고 있다. LP판으로 들은 것인지 라디오로 들었던 것인지는 기억이 나지 않으나 아직도 좋아하는 팝송중 하나는 돈 맥클레인의 〈빈센트〉라는 노래이다. 그나마 그가 아는 화가 중 몇 안 되는 고흐 이야기를 노래하고 있기 때문이다.

몇 년 전, 그는 늦은 가을날 우연한 기회에 미술 감상을 한 적이 있다. 빈센트 반 고흐전이었다. 고흐 전시회는 10년 동안 3회에 나누어서 전시되는 것으로 2007년이 이은 두 번째 전시회였다.

Starry stary Night.
별들이 많은 밤. 파랑과 회색으로 파레트를 물들이고…

돈 맥클레인이 고흐의 삶과 예술을 추모한 이 노래를 들으면 〈별이 빛나는 밤〉이 생각이 난다. 〈별이 빛나는 밤〉은 불타는 달과 별이 소용돌이치는 그림이 아주 인상적인 그림이다. 거대한 불꽃같은 삼나무는 춤을 추고 있는 것 같은 생동감이 느껴지지만 마을의 풍경은 이와

달리 고요하고 평화로운 모습이다. 이 작품은 그가 아를르를 떠나 정신병원에 입원했을 때 창밖으로 본 풍경이라고 한다. 고흐가 죽기 전 마지막 삶의 1년 동안 정신병과 싸우며 그린 그림이라고 한다. 하지만 그는 이 작품을 보면 아이러니하게도 마음의 평안을 얻는 느낌이 든다. 이 노래와 함께 작품을 감상해 보면 더욱더 그렇다. 하지만 아쉽게도 전시회에서는 그 작품을 만날 수 없었다.

'불멸의 화가 반 고흐 in 파리' 라는 전시명처럼 이번에는 고흐가 파리에서 활동한 시기의 작품들이 중심이었다. 이 시기는 화가로서 화풍이 굳어지는 중요한 시기라고 하는데 그 기간이 2년 동안이지만

유화 93점의 작품을 남겼다 한다. 전시회에서는 그의 그림을 분석하고자 엑스선 촬영이나 초근접 촬영을 한 사진을 함께 전시했다. 그의 그림은 엑스선 촬영을 하면 밑그림이 없는 경우가 많다고 한다. 이는 캔버스를 살 돈이 부족해서 재활용을 해서 그렸기 때문이다.

전시회 포스터는 〈회색 펠트 모자를 쓴 자화상〉이 그려져 있다. 포스터의 그림과 다르게 실제의 그림을 보니 질감들의 섬세함을 느낄 수 있었다.

나는 그동안 힘들고 고통스러운 일을 많이 겪은 탓에 빨리 늙어버린 것 같다. 굵은 주름살, 거친 턱수염, 몇 개의 의치 등이 전부인 초라한 노인이 되어 버렸다.

고흐가 동생 테오에게 한 말이지만 이 작품은 고흐가 34세 때의 모습이다. 작품 표현과 달리 고흐 모습이 초라하게 느껴지지 않았던 이유는 여동생 빌헬미나에게 쓴 편지 내용이 떠올랐기 때문이다.

비록 내 젊음은 잃어버렸지만 젊음과 신선함이 있는 그림을 그릴 가능성이 눈앞에 어른거리고 있어서 행복하구나.

이 그림은 어떤 몰상식한 관람객에 의해 칼로 엑스 표시의 흔적이 남은 작품이다. 곧바로 복원되어 정면으로 보면 잘 모르겠지만 각도를 달리해서 보면 훼손한 흔적이 보여서 그는 마음이 아팠다. 녹색과 청색의 바탕을 배경으로 주홍색의 붓놀림이 따뜻하게 느껴졌다. 점과 짧은 선으로 이루어져 있는 그림인데 그의 눈빛이 마치 살아있는 것처럼 보였다. 안정된 파란색과 초록색의 조화가 내 눈에는 편안해 보였다. 아마도 어릴 적 처음 접했던 고흐 그림에서 느꼈던 기괴스러운 자화상과는 달랐기 때문이었을 것이다.

그가 고흐의 그림이 강렬했던 이유는 얼굴을 붕대를 감싼 자화상 때문이었다. 고갱과 함께 지내던 시기가 끝날 무렵, 싸우다가 격분해서 면도칼로 자기 귀를 자른 후 그린 그림이었기에 충격적으로 느껴질 수밖에 없었다. 특히 〈파이프를 물고 귀에 붕대를 한 자화상〉은 초록색 상의와 붉은 바탕의 색채대비만으로도 강렬한 그림이었는데 하얀 붕대로 자신의 얼굴을 감싼 모습과 담배연기까지 더해져서 강하게 남는 작품이었다.

고흐는 처음에 그림을 그렸을 때 모델료를 지불할 돈이 없어서 주로 농민들을 모델로 삼았거나 자신을 그렸다고 한다. 그래서 고흐의 자화상 그림이 많다. 자신의 그림은 주로 거울을 통해서 그리게 된다. 거울을 통해서 본 우리의 모습은 빛을 통해서 바라본 또 다른 모습이다. 고흐의 자화상을 보고 있는 왼쪽 얼굴의 모습은 실제로는 그의 오른쪽 모습이다. 전시회에서는 고흐의 36점의 자화상 중에서 9점이 전시되었다. 다른 작품들로 인상적이었지만 그는 나름대로 자화상에 자꾸 눈이 갔다. 전 세계 고흐의 개인전 가운데 가장 많은 자화상이 소개되어 있었기 때문이다.

〈회색 펠트 모자를 쓴 자화상〉과 같은 시기에 그려진 〈자화상〉이라
는 작품도 인상 깊었다. 고흐의 날렵한 턱선과 붉은색의 수염이 도드
라져 보이는 이 그림의 밑그림은 현미경을 통해 흑연으로 그려졌음을
알 수 있었다. 작품 설명을 읽어보니 배경에 적갈색 안료와 파란색을
혼합한 투명한 보라색을 썼다고 한다. 하지만 배경에 적갈색의 흔적
은 발견되지 않는다.

'지금 나의 자화상을 그림으로 그린다면 어떤 모습일까?'

혼자 미술작품을 감상하고 나온 후 그는 무슨 통과의례처럼 돈 맥
클레인의 〈빈센트〉노래를 다시 한 번 들었다. 아마도 늦가을의 정취와
딱 맞는 노래라는 생각이 들었다.

이젠 알 것 같아요.

당신이 무슨 말을 하려 했는지

당신이 나에게 말하려는 것이 무엇인지.

당신의 영혼이 얼마나 아팠는지.

또 얼마나 자유를 갈망했는지.

아무도 들어주지 않네요.

아마도 언제까지나 그럴 겁니다.

　고흐는 늦은 나이에 그림을 그리기 시작해서 37세에 권총 자살을 하기 전까지 900여 점의 그림을 남겼지만 생전에 팔린 작품은 오직 데생 단 한 점뿐이라고 한다. 고흐가 불꽃같은 화가로서 살았던 기간은 10년이었다. 앞으로의 그의 10년은 어떤 삶일지 궁금해졌다. 몇 년 후 다시 고흐를 만날 때 그 자신을 다시 점검해 볼 수 있을 것이다. 아마도 이 노래와 그림이 다른 느낌으로 다가오겠지.

그 리 운 시 절 , 그 시 절 이 있 어 서 행 복 하 다

빠리의 어느
망명자 이야기

"우리들의 부싯돌은 부딪쳐야 빛이 난다."

볼테르의 말이다. 매끈한 돌이든 거친 돌이든 서로 부딪쳐야 부싯
돌의 기능을 할 수 있다. 그가 이 말을 접한 것은 홍세화 작가의 〈나는
빠리의 택시운전사〉 개정판을 통해서였다. 프랑스인들은 중등과정을
통해 볼테르의 "나는 당신의 견해에 반대한다. 그러나 나는 당신이 그
견해를 지킬 수 있도록 끝까지 싸우겠다"라는 말을 공유하게 된다고
한다. 작가는 볼테르의 말을 인용하며 서로 다른 견해가 자유롭게 표
현되어 부딪칠 때 진리가 스스로 드러난다고 강조하고 있다. 나와 다
른 견해를, 다르다는 이유로 없애려고 하는 것은 내 견해의 옳음을 밝
히기 위해서도 옳지 못한 행위가 된다는 것이다.

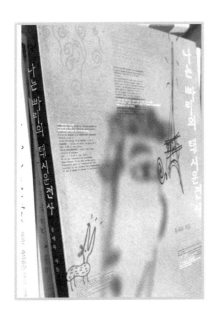

부산 보수동 헌책방에서 이 책을 발견했을 때 그는 무척이나 반가웠다. 파란 표지의 개정판도 있지만 원래의 주황색 표지가 더 익숙했기 때문이었다. 95년 초판이 3월 25일로 발행되고 나서 7월 25일 9쇄가 나왔으니 당시 이 책의 인기를 절감할 수 있었다. 지금까지 이 책은 개정판까지 나와 꾸준히 독자들의 사랑을 받고 있는 책이기도 하다. 여전히 작가는 '빠리의 택시운전사'로 불리고 있고 노래까지 나왔을 정도다. '무키무키만만수' 멤버 방바닥에 〈나는 빠리의 택시운전사〉가 굴러다녔기 때문에 이 제목을 붙였다고 하는데 익살스러운 목소리가 재미있다.

"고래를 제외한 모든 나라" 이것은 내가 갖고 있는 여행문서(TITRE DE VOYAGE)의 목적지란에 적혀 있는 말이다.

이 책의 책머리는 이렇게 시작된다. 홍세화 작가는 1979년 해외근무를 나갔다가 남민전 사건에 연루되어 귀국하지 못하고 파리에 눌러앉

게 된다. 택시운전, 관광안내 등 여러 직업에 종사하면서 망명생활을
하다 한참의 세월이 흐른 2002년에 귀국한다. 1987년 공소시효 만료되
었는데도 작가는 그 사실을 몰랐다고 한다. 이 책은 이국땅을 떠돌며
지상에서 갈 수 없는 유일한 나라인 조국 꼬레를 그리워하며 쓴 자전적
에세이다.

이 책으로 인해 '똘레랑스(tolerance)' 라는 말들이 화두로 등장하기
시작했다. 이는 프랑스어로 '관용' 이라는 뜻이다. 포용력, 이해, 인내
심이라는 뜻도 포함된다. 똘레랑스는 남과의 다름을 인정해주는 말이
다. 똘레랑스는 두 가지의 의미로 쓰인다. 첫 번째 의미는 '다른 사람

이 생각하고 행동하는 방식의 자유 및 다른 사람의 정치적·종교적 의견의 자유에 대한 존중'이다. 내가 존중받기를 원하면 우선 남을 존중하라는 말이며, 나의 정치적 이념과 종교적 신념이 존중받기를 원하면 우선 다른 사람의 정치적 이념과 종교적 신념을 존중하라는 말이다. 나와 다른 남의 생활방식과 문화를 존중하라는 말 즉, '나의 것'을 존중받으려면 '남의 것'부터 존중하라는 요구인 것이다.

두 번째 의미는 '특별한 상황에서 허용되는 자유'다. 원래 '허용오차'를 뜻하는 공학 용어인데 사회적 의미를 갖게 되어 '특별한 환경에서 허용되는 자유'라는 뜻이라고 한다. 권력에 대하여 개인의 자유와 권리를 보호하려는 의지를 품고 있다. 약자인 개인이 권력에 대해 '톨레랑스'를 요구함으로써 개인의 자유와 권리를 보호하고자 한 것이다.

작가가 10년 만에 다시 번역해 내놓은 책 〈민주주의의 무기, 똘레랑스〉에서 그 의미를 보충설명하고 있다. 이 책은 원서의 내용에 대한 보충 설명이 더 담겼고, 똘레랑스에 대한 홍세화의 고민이 담긴 인터뷰도 함께 실렸다. 톨레랑스의 어원은 '견디다', '참다'를 뜻하는 라틴어 'tolerare'에서 나왔다. 홍세화는 너그럽게 받아들인다는 '관용'보다 참고 받아들인다는 '용인'이 더 가깝다고 말한다. '용인'이 어원을 살려서 우리말로 풀이한 것으로 적절해 보인다.

"관용이라는 말은 아랫사람의 실수나 잘못을 너그럽게 용서해준다는 의미가 담겨있습니다. 톨레랑스는 그런 게 아니라 '차이' 그 자체를 받아들이는 것입니다. 종교가 다르든, 사상이 다르든, 피부빛깔이 다르든, 문화가 다르든, 성징이 다르든 이 다른 것들을 다른 그대로 받아들이는 정신자체를 톨레랑스라고 할 수 있습니다."

그래서 작가는 관용보다 용인이라고 말하고 싶다고 한다. 더 나아가서 논어에 나오는 '화이부동(和而不同)'과 같은 말이라고 덧붙이고 있다. '화이부동'에서 부동은 '같지 않다'를 뜻하는 게 아니라 '동화하지 않는다'를 뜻한다. 다시 말해 '서로 화평하면서도 획일화하지 않는다.'라는 뜻으로 다양성과 다름을 존중하라는 의지가 담겨 있다.

이 말은 논어의 "군자는 화이부동하고 소인은 동이불화한다(君子和而不同 小人同而不和)"라는 말에서 나왔다고 한다. 군자는 다양성을 인정하여 무조건적으로 같은 것을 요구하지 않지만, 소인은 무조건 같은 것으로 요구하여 다양성을 인정하지 않는다는 뜻이다. 이 말은 "군자는 친화하되 부화뇌동하지 않으며, 소인은 부화뇌동하고 친화하지 않는다."라는 의미이기도 하다. 부화뇌동(附和雷同)을 직역하면 천둥소리가 지상에 부딪치는 것처럼 함께 따라한다는 뜻이다. 즉, 자신의 뚜렷한 소신 없이 남이 하는 대로 따라가는 모습을 일컫는 말이다.

성격이 모두 나와 같아지기를 바라지 말라. 매끈한 돌이나 거친 돌이나 다 제각기 쓸모가 있는 법이다. 남의 성격이 내 성격과 같아지기를 바라는 것은 어리석은 생각이다.

도산 안창호의 말이다. 사람마다 가치를 추구하는 것이 다르기에 다양한 삶을 인정해야 한다는 의미이다. 다른 사람들이 다 내 마음 같기를 바라는 마음은 누구에게나 있다. 하지만 다른 사람들의 마음이 내 마음과 같지 않는 경우가 더 많다. 그럴 때 남이 다르다는 이유로 내 안에서 남을 밀어내는 경우가 많았다.

　아직도 그는 가끔 '다르다'와 '틀리다'의 차이를 알지만 습관처럼 사용하는 경우가 많다. '다르다'는 비교가 되는 두 대상이 서로 같지 아니하다는 뜻이고, '틀리다'는 셈이나 사실 따위가 그르게 되거나 어긋나다는 뜻으로 나와 있다. 상대어인 '같다'와 '맞다'를 떠올리면 이해가 쉬울 것이다. 어쩌다가 이 두 단어를 혼용하게 되었는지는 모르겠으나 '나와 같지 않다는 것은, 무조건 틀리다'는 생각에서 나왔을 것이다. 다양성을 인정하지 못하는 우리의 가치관이 그대로 언어습관으로 굳어진 셈이다. 그는 혹시 자신 앞의 부싯돌을 부딪치지도 않고 먼 천둥소리 부딪치는 것만 따라하지 않았는지 반성해 보았다. 작가는 개정판 서문에서 이렇게 말하고 있다.

　세상이 달라졌다고들 한다. 사실이다. 내가 돌아올 수 있었던 것도 세상이 바뀐 덕이다. 그러나 그 변화란 불평등과 억압, 배제의 형태만 바뀐 것, 다시 말해 그것들이 노골적이었던 데서 은밀하게, 그러나 구조적으로 바뀐 것에 지나지 않는 게 아닐까? 그래서 그것들을 극복하려는 희망과 기대, 그리고 의지와 동력은 오히려 약해진 게 아닐까?

작가는 아직도 우리나라는 달라졌으면서도 달라진 게 없다고 여전히 똘레랑스는 유효하다고 강조하고 있다. '차이'를 '차별'의 근거로 삼아서는 안 된다고 말한다.

작가가 개정판을 쓴 지 10년, 이 책이 나온 지 20년이 되어가고 있지만 우리 사회의 현실은 어떤가? 아직도 성찰의 목소리가 크게 울리고 있지 못하고 있다는 것에 그는 답답함을 느끼며 부산 보수동 헌책방골목을 나와 부산 자갈치 시장을 어슬렁거렸다. 바다라도 바라보며 소주 한 잔이라도 하고 싶어서였다.

지상에서의
나 혼자만의 방

대구 남문시장 헌책방 골목에는 대도서점, 코스모스서점, 해바라기 서점만 보였다. 월계서점은 셔터문이 내려져 있었다. 도리스 레싱 외 〈세계페미니즘 단편선-19호실로 가다〉를 구입한 후 점심을 먹으러 대구교대 앞 '러빙헛'으로 갔다. 근처 채식식당은 이곳뿐이다. 식당에는 여학생들이 많았다. 그 여학생들은 자신이 원해서 하는 채식이지만 그는 그렇지 않다. 채식주의자인 남편은 채식이 아니면 아예 굶어버리기 때문에 어쩔 수 없다.

며칠 전 후배를 우리 집으로 초대해 짬뽕을 시켰다. 다른 후배가 늦게 와서 아무 생각 없이 식은 짬뽕국물을 데워주었다. 후배들이 일어설 때쯤 남편이 들어왔다. 후배들을 배웅하고 집안으로 들어오는데 남편이 엄청 화를 냈다. 남편이 음식에 대해서 점점 결벽이 심해지고 있다는 것을 그는 깜빡했던 것이다. 짬뽕국물이 묻은 그릇들을 몽땅 버리라는 거다. 그는 신혼때 산 아까운 그릇들을 버리고는 한참을 울었다.

그가 혼자 있다는 것을 처음으로 즐기게 된 것은 아마도 사춘기 즈음이었다. 그것도 그만의 방인 다락방이 생기고 나서부터였다. 다락방은 안방의 벽장문을 열면 나무계단을 딛고 올라가야 했다. 창고나 다름없이 방치되었던 공간이었다. 지저분하고 케케묵은 냄새까지 났다. 어느 날부터 이 다락방이 나만의 해방구가 된 것은 여기서 새끼고 양이가 발견된 후부터였다. 어느 틈으로 들어왔는지는 모르겠으나 고양이의 울음소리가 계속 들려서 올라가 보았더니 손으로 잡기에도 작은 고양이가 울고 있었다. 우유를 먹이면서 지극정성으로 키웠지만 고양이는 어디론가 사라져 버렸다. 혹시 그 고양이를 다시 볼 수 있을지도 모른다는 마음으로 다락방에 자주 올라가게 되면서 이곳이 그의 눈에 들어왔다.

쌓여있던 짐들을 구석으로 밀었더니 누울 정도의 공간이 되었다. 높이 때문에 이층집이나 다름없는 공간이었다. 창문도 있었다. 물론 밖을 보려면 엎드린 자세여야 했다. 나른한 봄날 턱을 괴고 창문 밖으로 바라본 세상은 설렘으로 가득 찼다. 그 다락방은 전등이 없었기에 밤에는 칠흑 같았다. 가끔 촛불을 들고 몰래 올라가기도 했지만 오랜

시간을 머물 수는 없었다. 촛불이나 불을 켜는 행위는 어른들의 허락 하에서만 가능한 일이었다. 그곳에서 그는 일기를 썼고 만화책을 읽었고 속상한 일이 있으면 혼자 훌쩍이기도 했다. 친구들과의 만남도 좋았지만 혼자만의 공간도 좋았다. 이후 다락방이 아닌 진짜 방을 갖게 되었지만 다락방과의 첫 만남의 순간을 잊지는 못한다. 아무도 간섭하지 않는 혼자만의 방을 언제부터인가 잃어버렸다. 아마 결혼을 하고 나서부터였을 것이다.

수잔은 결혼 후 12년 동안 단 한 순간도 혼자였던 적이 없었다. 자기 자신의 시간 또한 마찬가지다. 아이들이 모두 학교에 입학하자 수잔은 자신만의 방을 얻게 된다. 그러나 곧 그 방도 가족들의 공간이 되어 버린다. 드넓은 저택 어디에도 수잔의 방은 없었다. 수잔은 교외의 작은 호텔 19호실을 '자기만의 방'으로 삼는다. 그 방에서 수잔이 하는 일이라고는 그냥 가만히 혼자 있는 것뿐이다. 그리고는 저녁에 가족의 품으로 돌아가 아내와 엄마의 역할을 충실히 해낸다.

수잔은 혼자만의 방을 유지하기 위해 남편에게 주당 5파운드를 요구하자 남편은 용도도 묻지 않고 준다. 그러나 수잔은 그 방을 끝까지 지켜낼 수 없었다. 19호실에 갔다 오는 수잔을 남편이 알게 된 순간 그 방의 평화는 깨진다. 수잔을 뒷조사한 남편은 그녀에게 애인이 있을 것이라고 오해를 하며 자신의 연애사건을 털어 놓는다. 수잔은 남편의 오해를 풀고 싶은 마음은 없다. 허구의 인물인 애인을 꾸며댈 뿐이다. 수잔은 남편이 건네는 5파운드도 거절을 한다.

"내가 어디에서 지내는지 당신이 알자마자, 거기에 갈 필요가 없어졌어요."

수잔의 마지막 선택은 19호실 방으로 들어가 가스의 부드러운 쉬익 소리를 들으며, 죽음과 마주하는 것뿐이었다.

얼마 전 오랜만에 그녀를 만났다. 그녀는 한 남자의 아내로, 한 아이의 엄마로 정신없이 살아왔다. 그녀가 유일하게 혼자 있을 수 있는 시간은 남편과 아이가 없는 아침이었지만 느긋하게 보낼 수는 없었다. 식구들도 많지 않은데도 집안일은 늘 산더미였다. 먼저 세탁기를 돌리고 설거지에 이어 청소를 한다. 남들은 청소가 쉽다고 하지만 그녀에게는 아니다. 화장실은 매일매일 솔로 바닥을 문지르고 변기와 욕조를 수세미로 닦아야지 직성이 풀렸다. 전등 위의 먼지도 용납하고 싶지 않았다.

"야, 그렇게 청소하면 끝이 없어. 먼지는 매일 쌓이는데 왜 그렇게 힘들게, 깔끔은."

"다 내 만족이지 뭐."

친구들의 말에도 끄떡없던 그녀였다. 집안을 반짝거리게 청소한 후 음악을 들으면서 커피를 마시는 것이 그녀의 행복이었다. 아이들이 다 크고, 남편은 일이 바쁘다는 핑계로 외박이 잦아지면서부터였을 것이다. 어느 순간부터 이런 생활이 무의미하다는 생각이 들었다. 혼자만의 시간과 혼자만의 방을 갖고 싶었다. 식구들의 어떠한 방해도 받지 않고 말이다. 어느 명절 전날 식구들은 먼저 시댁에 가게 되었고 그녀는 일이 늦게 끝나 다음날 아침 일찍 시댁에 가기로 되어 있었다.

"나 혼자 집에 있는데 정말 좋은 거야. 이 시간을 그냥 헛되이 보낼 수가 없을 정도로 말이야."

그녀는 혼자 포도주를 마시다가 그만 알람 소리도 못 들었다고 한다. 결국은 그녀는 결혼 후 10년 만에 처음으로 명절을 혼자 보내게 되었다.

수잔에게 5파운드를 지불할 능력이 있었다면 19호실을 지킬 수 있었을까. 버지니아 울프가 〈이 지상에서의 나 혼자만의 방〉에서 한 말이 떠올랐다.

"우리들은 누구나가 일 년에 오백 파운드의 돈과 자기 혼자만의 방을 가질 수 있게 된다면, 만약 우리가 자유에 대한 습관과 자기 생각을 그대로 쓸 용기를 갖게 된다면, 만약 우리가 공동의 거실에서 조금이라도 벗어나 인간을 언제나 상호간의 관계로가 아니라 현실과의 관계로 볼 수 있다면, 그래서 하늘이나 나무나 그 밖의 모든 것을 그 자체대로 볼 수 있다면…"

버지니아 울프의 이야기를 영화화한 〈디 아워스〉에서 버지니아 울프에게 남편 레너드가 묻는다.

"왜 당신 소설에선 누군가가 죽어야 하지?"

"남은 사람들이 삶을 더 소중하게 깨닫게 하기 위해서죠. 대조되죠"

소설 속 수잔의 죽음이나 실제의 버지니아 울프의 죽음이 의미하고자 했던 것은 이 말을 하고 싶어서였을 것이다.

"삶을 회피한다면 결코 평화를 얻지 못할 거예요."

영화 속 버지니아 울프가 했던 대사가 떠오른다. 그는 수잔의 19호실이 아닌 나만의 19호실을 원한다. 칙칙하고 쾌쾌한, 남편 몰래 드나들었던 그 호텔방이 아니라 밝은 햇살이 가득한 자유로운 나만의 공간을.

인천 배다리 헌책방에서 1994년판 신경숙의 〈깊은 슬픔〉을 찾아냈을 때 절판된 책을 구했다는 반가움보다 아련한 아픔이 고스란히 전해졌어. 이 책을 읽으면서 며칠 내내 엉엉 울었던 기억이 새삼 떠올랐어. 자신이 마치 자신이 소설 속 비극적인 주인공인 '은서'인 것만 같았어. 또 내가 사랑하고 있는 남자를 자꾸 주인공인 '완'에게 병치시키고 있음을 확인할 수 있었어.

나는 그렇게 되어버렸지. 어느 날 우연히 내 눈을 거울에 비춰보다가 언젠가 네가, 네 속눈썹을 세어봤는데 마흔두 개야, 했던 말이 생각나면 그 생각 하나로 세상을 다 얻은 듯이 살아가지. 그걸 세어볼 정도면 너는 틀림없이 나를 사랑한다 여겨지기에.

"난 그래. 그렇게 되어버렸어."

난 그렇게 되어버렸지. 너에 의해 죽고 싶고 너에 의해 살고 싶게 되어버렸지.

기억나니? 너의 눈썹을 만지면서 했던 말들이? 너에게 소설 이야기를 하면서 너의 눈썹을 만졌어. 소설 속 주인공인 남자가 여자의 눈썹을 세는 장면이 나온다고 말하면서 말이야. 그 손끝의 촉감을 나는 아직도 기억하고 있어. 넌 눈을 끔벅끔벅하면서 날 바라보기만 했지. 사실은 너에게 내 마음의 진심을 고백하고 싶었던 거였어. '은서'의 독백처럼 너의 존재가 나에게 크게 다가왔다는 말을 하고 싶었던 거였지. '너의 의해 죽고 싶고 너에 의해 살고 싶게 되어버렸지' 라는 말을 강조하고 싶었던 거였어. 난 소설이야기를 하다 너의 무심한 반응에 재미가 없어져서 그만 다른 화제를 꺼냈어.

오늘 다시 이 부분을 펼쳤을 때 또 한 번 눈물을 흘려야했어. 그동안 잊고 있었던 20대의 감성들이 떠올랐기 때문이었어. 그동안 뭘 생각하면서 여기까지 이렇게 무딘 감성으로 달려왔을까 하는 생각이 들더군. 헌책방에서 이 책을 본 순간 내 기억에는 이 눈썹을 세는 부분만 남아 있더군. 다른 것들이 생각이 나지 않아서 다시 첫 장부터 소설을 읽고 싶어졌어. 그랬더니 잊었던 기억들이 하나둘씩 떠오르는 거야. 특히 소설의 첫 부분과 마지막 부분을 몇 번이고 뒤적여 보았지. 이 소설의 시작은 이래.

그 여자 이야기를 쓰려 한다.
이름을 은서(恩瑞)라 짓는다. 사랑이 불가능하다면 살아서 무엇 하나, 가끔 우는 여자. 언제부턴가 내 속에 내가 먹이를 주어 기른 여자.

주인공 은서와 완, 세, 이 세 사람은 고향 이슬어지에서 함께 자랐던 친구들이었어. 완을 사랑하는 은서와 그런 은서를 사랑하는 세, 이들은 엇갈린 운명 앞에서 서로의 등만 바라보며 세월을 보내게 돼. 아마도 지금 넌 이 편지를 보고 '뭐야, 삼각관계네'라며 피식 웃을 거야. 맞아. 하지만 신경숙 소설의 문체를 읽다 보면 가슴이 턱턱 막히고 깊은 우물 속으로 들어가는 것 같은 느낌을 받기도 해. 이 소설의 끝은 이 문장으로 마무리가 돼.

나, 이렇게 나를 놓아버리지만 않았다면
언젠가 너에게 읽어 줄 글을 새로 시작할 수 있을 텐데, 그럴 텐데,
아마도 그 글은 이렇게 시작되었겠지.

나 그들을 만나 불행했다.

그러나 그 불행으로 그 시절을 견뎠다.

소설의 시작과 끝만 말하는 이유는 개정판 작가의 말 때문이야. 소설을 보기 전 그 소설을 아껴보기 위해 이곳저곳을 살피면서 뜸을 들이는 버릇이 있지. 작가 소개, 목차, 작가의 말 등. 물론 소설의 끝 부분은 절대로 보지 않아. 그건 영화를 보지 않은 사람에게 색다른 반전이 있으면 절대로 말하지 않는 것처럼 소설에 대한 예의가 아니거든.

작가는 첫 문장을 이렇게 쓰고 난 후 교정지를 책상 위에 일 년 가까이 올려놨으나 문장 하나 손대지 않았다고 해. 작가의 마음의 무게가 느껴지더군. 작가는 속눈썹 부분을 언급하더라. 여자들은 다 비슷한가봐. 나도 이 책을 읽게 된 건 친구가 말했기 때문이거든. 작가는 속눈썹 숫자가 너무 적은 것 같아 숫자를 바꿀까 하다가 그것도 그대로 두었다고 해. 작가는 '그때 내가 선택했던 그 숫자에 대한 의미를 선택했던 그 숫자에 대한 의미를 지금은 잊었지만 그땐 절실히 그 숫자여야만 했을 이유가 있었을 것이기에.' 라고 말하고 있어. 가끔 나도 오래 전의 일기를 뒤적이다가 왜 그래야만 했을까? 왜 그런 표현을 썼을까? 라는 생각을 가끔 할 때가 있거든. 작가는 '어디 한 군데를 건드리면 와르르 무너질 것 같았기에. 내가 썼지만 그때였기에 쓸 수 있었지 지금의 나는 도저히 그렇게 표현할 수 없는 것들에 오히려 내가 놀라기도 했다.' 라고 하더군. 그 다음 작가의 말을 더 들어보자구.

오로지 '너'에 그토록 집중할 수 있었다니,

아, 그때는 '너'만 있으면 되어서, '너'만 아름다워서,

어떤 식으로든 '너'의 곁에 존재하고 싶었기에,

나, 그들을 만나 불행했다.

그리고 그 불행으로 그 시절을 견뎠다.

라는 문장을 끝 문장으로 택할 수 있었을 것이다.

작가가 말한 이 부분이 내 눈에 꽂혀서 혹시 오타가 아닌가 몇 번을 들여다보았어. 차이가 보이니? '그러나'와 '그러니' 부분이? 그러나 다음 문장을 보고 의도적이라는 것을 알 수 있었어. 작가는 '…있었을 것이다.'라고 미래형으로 썼기 때문이지. 갑자기 그 차이에 대해서 생각을 해봤어. 작가는 아마도 이렇게 생각한 듯해. 시간이 흐른 이제야 주인공들의 비극까지도 다 끌어안을 수 있는 나이가 되었다는 생각이 들었어. '그리고'의 의미는 그들을 만나 불행했던 과거까지도 사랑하게 되었다는 의미이겠지. 하지만 이 부분은 소설의 에필로그 내용에 이미 나와 있는 내용과 같아. 주인공 은서가 동생 이수에게 죽기 전에 쓴 편지형식으로 이렇게 써.

'나, 이렇게 나를 놓아버리지만 않았다면 언젠가 너에게 읽어줄 글을 새로 시작할 수 있을 텐데, 그럴 텐데. 아마도 그 글은 이렇게 시작되었겠지. / 나, 그들을 만나 불행했다. / 그리고 그 불행으로 그 시절을 견뎠다.'

다시 개정판 작가의 말과 에필로그의 글들을 보면 그 차이가 다르다는 것을 알 수 있을 거야. 바로 '나'와 '너'의 차이인거지. 작가는 이렇게 말하고 있어.

수많은 '너'들이 사라졌는데도 이 작품의 첫 문장과 끝 문장을 골라내던 그때의 열정이 이렇게 고스란히 되살아나 겁이 나기도 하다. 지나온 곳으로는 어디로도 돌아가지 말자, 고 다짐한다.

그래 우리도 그랬으면 좋겠어. 우리가 힘들게 지나왔던 곳으로는 다시 돌아가지 말자고 말이야. 너와 나의 힘겨웠던 순간들을 이제는 다 내려놓고 싶어졌어. 그런데 그럴 수 있을까? 소설 속 주인공인 은서처럼 첫사랑으로 만나 20여 년이 지난 지금 우리의 그 사랑들은 다 어디로 사라진 것일까?

상실의 시대,
그러나

무라카미 하루키의 〈상실의 시대〉
는 비틀즈의 노래로 서문을 연다.

예전에 나는 한 여자를 소유했었지,
아니 그녀가 나를 소유했다고 할 수
도 있고.
그녀는 내게 그녀의 방을 구경시켜
줬어.
멋지지 않아?
노르웨이 숲에서

그녀는 나에게 머물다 가길 권했고

어디 좀 앉으라고 말했어.

그래서 주위를 둘러보았지만

의자 하나 없었지…

의자도 하나 없는 곳이 없는 그녀의 방이 노르웨이의 숲인지, 숲이
곧 그녀의 비밀의 방인지는 모르겠다. 그러나 이 노래에서 '멋지지 않
아?' 와 '노르웨이의 숲에서' 이 구절이 그의 마음을 울렸다. 책을 읽
으면서 그는 이 노래를 반복하면서 듣기도 했던 이유는 소설의 시작
에서도 주인공인 '나' 의 반응 때문이었다. 서른일곱 살이었던 주인공
이 두터운 비구름을 뚫고 도착한 비행기에서 흘러나왔던 비틀즈의 노
래가 그저 낭만적으로 들었던 것과 달리 '격렬하게 내 머리 속을 어지
럽히며 뒤흔들었다.' 라고 말했을까. 그는 속으로 다음 장면의 과거회
상 장면이 궁금해졌다. 그 이유는 이 구절 때문이었다.

(…)나는 줄곧 그 초원(草原) 속에 있었다. 나는 풀 냄새를 맡았고, 살
갗에 와닿는 바람을 느꼈으며, 새소리를 들었다. 그때는 1969년 가
을이었고, 내가 곧 스무 살이 될 무렵이었다.

맞다. 그가 이 노래를 들었던 그 느낌 그대로 '나' 도 느꼈다는 것에
동질감을 느꼈다. '나' 는 긴 세월이 지나도 그 초원의 풍경을 선명하

게 떠올린다. 여름 내내 쌓였던 먼지가 며칠째 계속된 비로 말끔히 씻겨졌고, '산은 깊고 선연한 푸르름을 머금고 있었고, 10월의 바람은 억새 잎을 한들한들 흔들고 있었으며, 기다란 구름이 얼음장처럼 투명한 푸른 창공에 떠 있었다.' 하늘은 높고 깊어서 쳐다보고 있으면 눈이 아파 올 정도로 푸르렀을 것이다. 그런데 가을의 이 아름다운 풍경보다 가장 중요한 것은 그곳에 그녀가, 그녀가 있었다는 것일 터이다. '나'는 바람이 그녀의 머리카락을 흔들고 숲으로 빠져나간 것까지 기억하는 정도였으니까 말이다.

이 구절에서 그는 학교 근처 숲에서 술을 마시던 어떤 오후의 풍경이 스쳐지나갔다. 소설 속 가을 풍경과 달리 어느 봄날이었다. 소주잔에 들어간 초록의 풀이 신기하다면서 그녀가 고개를 까닥까닥 거리며 술잔만 응시했던 그날의 풍경이 떠오른다. 그때는 비틀즈의 노래가 아니라 이영도의 '진달래'라는 노래가 흘러나왔다.

눈이 부시네, 저기
난만히 뭇등마다
그날 스러져 간
눈물 같은 꽃사태가
맺혔던 한이 터지듯
여울여울 붉었네
그렇듯 너희는 지고

욕처럼 남은 목숨(…)

한 친구의 나지막한 선창에 하나 둘씩 그 노래를 따라 불렀었다. 그의 옆구리에는 봄바람이 스쳐지나갔고 그녀의 담배연기는 허공을 맴돌 뿐이었던 날이었다. 그는 소설 속 주인공과 그녀가 하나로 합치되는 듯한 느낌을 받았다.

소설의 시대적 배경인 된 일본의 60년대와 70년대의 일본은 고도의 경제성장과 베트남 전쟁 등 하루키가 '배멀미의 시대' 라고 표현을 할 정도로 사회적 격변기였다. 작가는 20년이 지나 마흔이 되었을 때 이 작품의 서문을 쓰면서 이렇게 밝히고 있다.

그 격렬한 시대를 탄생케 한 변동의 에너지는, 도대체 지금 이 시대에 무엇을 가져오게 한 것인가 하고, 그 당시에 매우 대단한 큰일로 생각했던 것은 도대체 어디로 사라져 버린 것인가 하고(…)

작가는 20세의 청년이 20년이 지나면 40세가 된다는 것이 스무 살 무렵에 잘 이해되지 않았던 일이라고 말하고 있다. 이 소설은 작가가 언급했듯이 정치적이거나 사회적인 문제를 다룬 소설이 아닌 지극히 개인의 문제를 다루고 있다. 이 소설의 테마는 '사람이 사람을 사랑하다는 것의 의미' 이다. 젊은 시절 그는 이 책을 보고 무지 실망을 했었다. 그런데 중년이되어서야 작가가 말하고자 하는 것이 조금 읽히는 이유는 무엇 때문일까 싶다. 시간의 힘인가? 세월의 흔적인가?

작가는 이념의 물결이 휩쓸고 간 자리에 남겨진 허무와 허탈 그리고 이념의 상실로 고민하는 젊은 세대의 각기 다른 모습을 생생하게 그려내고 있다. 이 책은 1987년 원제인 〈노르웨이 숲〉으로 책을 펴냈지만 빛을 보지 못했다. 이 소설이 인기를 끌 수 있었던 것은 1989년 동구권의 몰락과 함께 당시 시대 분위기에 맞는 〈상실의 시대〉로 제목을 바꿔 펴낸 데 있다. 이 소설의 배경이 되고 있는 일본의 예전 상황이 당시의 우리나라 상황과 맞아떨어진 것이다.

같은 책을 다시 읽는다면 그때마다 다른 느낌을 받는다. 아름답고 가련한 나오코를 그가 20대에 사랑했었다면, 서른에는 밝은 미도리가 좋았다. 사랑스러운 미도리 같은 유형에 빠지고 싶었던 때도 있었으니까 말이다. 그러나 지금은 나이 탓인지 힘들고 지칠 때 어른스럽고 시원시원한 레이코가 떠오른다. 이 소설의 마지막 장면은 미도리가 맡았다. 아무래도 '상실'이란 단어와 상반되는 인물이 제격이지 싶다. '나'는 레이코와 악수를 하고 헤어진 후 미도리를 찾는다. 미도리와 둘이서 처음부터 다시 시작하고 싶다는 '나'의 말에 미도리는 말이 없었다.

소설 속에서는 그 침묵에 대해 '마치 전 세계의 가랑비가 온 지구의 잔디밭에 내리고 있는 것 같은 침묵만이 계속되었다.'라고 말한다. 그래 그날 잔디밭에서 그녀가 초록빛이 동동 떠있던 풀잎에 눈물 한 방울 흘렸던 것처럼. 노래가 끝나고 나서 모두들 아무 말 없이 침묵을 지키고 있었던 것처럼 말이다. 미도리가 어디 있냐는 말에 '나'는 그

곳이 어딘지 자신으로서는 알 수가 없다고 말한다. 그러나 그는 지금 알고 있다. 그가 발을 딛고 있는 곳이 상실의 시대이지만 그 상실을 찾아가는 시대이기도 하다는 것을 말이다. 비틀즈 노래는 이렇게 끝난다.

눈을 떴을 때,
난 혼자였어,

그 새는 날아가 버린 거야,

난 벽난로 불을 지폈어.

멋지지 않아?

노르웨이 숲에서

혼자임에도, 희망이었던 새가 날아가 버렸음에도 벽난로를 피웠을 '나'의 외로운 등이 보였다. 분명 소설 속 '나'는 이제 방황을 끝내고 '멋지지 않아? 노르웨이 숲에서.'라고 읊조리면서 흥얼흥얼 노래를 하고 있을 것이다. 이제 그도 혼자임을 깨달았을 때 비록 새는 날아가 버렸지만, 그녀도 그의 곁을 떠났지만 가을날의 숲에서 깊은 하늘을 바라보면서 이 노래를 부를 수 있었으면 좋겠다.

'멋지지 않아? 이 가을날의 숲에서.

부산 보수동에서 한 헌책
방에 들어갔을 때다. 다른 헌
책방과 달리 책들이 장르별
로 일목요연하게 잘 정리가
되어 있었고 깔끔했다. 그날
따라 그는 시집코너에서 서
성이고 있었는데 바로 최영
미의 〈서른 잔치는 끝났다〉를
뽑아들게 되었다.

20여 년 전, 이 시를 보았

다. 정확히 말하면 눈으로 본 것이 아니라 귀로 들었다. 전화기에서 들려오는 그녀의 목소리를 통해서 말이다. 1980년대 이후 그는 시집을 사지도 읽지도 않았다. 브레히트의 시처럼 서정시가 어울리지 않는 시대라고 생각했기 때문이다. 그런데 그에게 이 시는 신선했다. 그녀가 그에게 들려준 시는 〈Personal Computer〉, 〈마지막 섹스의 추억〉, 〈서른, 잔치는 끝났다〉였다.

"…어쨌든 그는 매우 인간적이다 / 필요할 때 늘 곁에서 깜박거리는 / 친구보다도 낫다 / 애인보다도 낫다 / 말은 없어도 알아서 챙겨주는 / 그 앞에서 한없이 착해지고픈 / 이게 사랑이라면 // 아아 컴-퓨-터와 씹할 수만 있다면!"

〈Personal Computer〉 시를 읽은 그녀는 잠시 뜸을 들이고 내게 물었다.

"어때?"

"와~대단하다. 정말 맞는 말이네"

그리고 그녀는 〈마지막 섹스의 추억〉의 시를 들려주었다.

"아침상 오른 굴비 한 마리 / 발르다 나는 보았네 / 마침내 드러난 육신의 비밀 / 파헤쳐진 오장육부, 산산이 부서진 살점들 / 진실이란 이런 것인가 / 한꺼풀 벗기면 뼈와 살로만 수습돼 / 그날 밤 음부처럼 무섭도록 단순해지는 사연 / 죽은 살 찢으며 나는 알았네 / 상처도 산 자만이 걸치는 옷 / 더이상 아프지 않겠다는 약속 …"

마지막 구절에 '살아서 팔딱이던 말들 / 살아서 고프던 몸짓 / 모두 잃고 나는 씹었네 / 입안 가득 고여오는 / 마지막 섹스의 추억' 이 부분에서 그는 감탄을 했다. 마치 눈앞에 굴비 한 마리가 아침상에서부터 입까지 들어가는 과정, 아니 그 굴비가 바다에서 팔딱팔딱 살아있었던 그 전까지를 직접 겪어본 것만 같았다.

그가 최영미 시인이 시를 수화기로 감상할 때 우리는 서른이 되지 않은 나이였다. 아마도 그녀와 그 둘은 이미 뭔가에 열정을 바친 시기가 지났을 때였던 것 같다. 그래서 이 시들에 공감했을 것이다. 이 시집에 열광한 다른 독자들도 마찬가지였을 것이다. 우리에게 서른은 아주 먼 나이였다. 그런데 어쩌다 훅 서른을 지나, 이제는 마흔을 넘은 나이가 되어 버렸고, 시인은 이제 쉰을 넘은 나이가 되어 버렸다.

(…)
잔치는 끝났다.
술 떨어지고, 사람들은 하나 둘 지갑을 챙기고 마침내 그도 갔지만
마지막 셈을 마치고 제각기 신발을 찾아 신고 떠났지만
어렴풋이 나는 알고 있다
여기 홀로 누군가 마지막까지 남아
주인 대신 상을 차우고
그 모든 걸 기억해내며 뜨거운 눈물 흘리리라는 걸

그가 부르다 만 노래를 마저 고쳐 부르리란 걸

어쩌면 나는 알고 있다

누군가 그 대신 상을 차리고, 새벽이 오기 전에

다시 사람들을 불러 모으리란 걸

환하게 불 밝히고 무대를 다시 꾸미리라

그러나 대체 무슨 상관이란 말인가

시인의 말처럼 잔치는 끝났다. 그러나 환하게 불 밝히고 무대를 다시 꾸미는 사람은 누군가가 아니라는 것을 그는 알고 있다. 그것이 '그러나 대체 무슨 상관이란 말인가'가 아니라는 것도. 김광석의 〈서른 즈음에〉를 부르며 흘렸던 눈물들을 마흔이 되고, 오십이 되어도 부르는 것은 옛 추억을 감상하기 위함은 아닐 것이다. 이제 그의 나이는 중년을 지나 몸은 낡았지만, 청년 시절의 그 건강했던 정신과 순수했던 그 열정만큼은 아직도 남아있기 때문이지 않겠는가. 아닐 지도 모른다. 어찌 감히 시인 앞에서 이런 소리를 하다니. 그것도 판매부수가 50만부가 넘었던 시인이… 분명 시인이 우리 곁에 있다면 이런 말을 했을 것이다.

"그러나 대체 무슨 상관이란 말인가"

그래도 그는 서른 즈음에 읽었던, 그리고 마흔 즈음에도 다시 읽었

던 잉게보르크 바하만의 〈삼십세〉 마지막 구절을 읊을 것이다.

그는 생기에 넘쳐 닥쳐올 것과 손을 잡았다. 그리고 앞을 생각하며 저 밑 병실 문을 어서 나갈 수 있기를 바라는 것이다. 불행한 사람들, 병약한 사람들, 빈사의 사람들 곁은 떠나서. 내 그대에게 말하노니? 일어서서 걸으라. 그대의 뼈는 결코 부러지지 않았으니.

시인은 최근 〈청동정원〉이라는 장편소설을 펴냈다. 1980년대를 배경으로 한 자전적 소설이라고 한다. 〈서른 잔치는 끝났다〉의 소설 버전인 셈이다. 소설의 초고를 1988년에 끝냈다고 하니 이 시집보다 앞선 작품인 것이다. 시인은 이 소설과 시집의 시대 배경과 주제 의식도 비슷하지만 시로는 못다 한 이야기들이 있어서 소설을 썼다고 한다.
시인의 말처럼 '시로는 못다 한 이야기'가 어떨지 그는 매우 궁금하다. 그와 20여 년 전시를 수화기로 접속했던 그녀도 그럴 것이다.

"새끼손가락 걸며 영원하자던 그대는 지금 어디에 …뜨거운 내 마음은 나도 모르게 천천히 식어갑니다."

영원을 약속했던 사랑하던 연인도 떠나갔고, 사랑의 열병도 식어가는 자신을 발견하고 추억으로 남길 수밖에 없다는 것을 알게 된다. 김현식의 〈추억 만들기〉는 과거의 추억을 회상하는 노래이다. 김현식의 마지막 유작 앨범에 수록된 곡이라서 더 애잔하게 들리는 음악 중의 하나이기도 하다. 이 앨범에는 그 유명한 〈내 사랑 내 곁에〉, 〈나의 하루는〉, 〈사랑했어요〉가 다 들어가 있다.

이 노래에서 추억 만들기는 과거이다. 새끼손가락을 걸며 약속을

했던 장소와 그 순간을 당사자는 잊지 못할 것이다. 과거를 떠올릴 수 있는 추억의 흔적이 있는 사람이라면 공감은 더 클 것이다.

과거와 현재를 오가며 추억을 떠올리는 내용은 영화나 소설의 주된 소재이다. 여기에 아련한 사랑이야기라면 더할 나위가 없다. 추억을 떠올릴 수 있는 소재는 일단 오감이 동원되어야 더 애틋하다. 직접 확인할 수 있는 물건이나 장소, 그때 들었던 음악이나 함께 나누었던 음식이면 더욱 그렇다.

서울의 남산에는 추억 만들기의 대표적 장소가 있다. 바로 사랑의 자물쇠다. 남산은 'N서울타워'로 개장을 하면서 많이 변했다. 그가 남산에서 추억을 떠올릴 수 있는 공간은 도서관, 분수대 계단, 충혼탑, 남산 타워다. 학교가 근처라서 남산은 우리들의 교정이나 다름없었다. 시나 소설 등의 창작수업을 할 때도 우리는 남산 충혼탑을 많이 찾았다. 주머니 사정이 좋지 않았던 시절에 막걸리와 소주를 들고 찾아간 곳도 그곳이었다. 케이블카를 타고 올라가 본 남산타워는 특별한 날에나 맛볼 수 있는 추억들이 남아 있다.

몇 년 전 남산타워의 풍경을 보면서 더 이상 과거의 추억에 젖어있지 않는 나를 발견했다. 연인들이 자물쇠로 사랑을 다짐한 후 던지는 열쇠를 보며 그가 떠올린 것은 '저 열쇠가 쌓이면 어떻게 되지?' 라는 생각이었다. 젊은 연인들의 풋풋한 사랑보다 산에 버려진 열쇠의 폐해가 더 궁금해졌기 때문이다. 역시나 녹슨 열쇠 등의 중금속 물질이 야산에 버려져 환경에 좋지 않은 영향을 미칠 것이라는 기사를 보고 생각이 그와 다르지 않았음을 확인하고는 그도 모르게 씁쓸했다. 현실적으로 변한 스스로의 모습을 확인했기 때문이다. 자신이 변한 것인지, 아니면 그가 추억하는 남산의 모습이 변한 것인지는 모르겠다.

어릴 적에 그가 살던 동네도 많이 변했다. 배 밭이었던 곳은 전철이 다니고 있었고, 아파트 숲으로 변해 버린 동네는 어디가 어디인지도 구분하기도 쉽지 않았다. 입시의 고민으로 가득 찼던 고등학교 때보다 중학교 때의 추억이 그에게 많이 남아있다. 그때 입었던 검정교복과 매일 빨아 빳빳하게 풀을 먹였던 하얀 칼라의 기억이 떠올라 오랜만에 찾았던 학교 또한 예전의 학교가 아니었다. 그 후 그는 유년 시절과 사춘기를 겪었던 옛 동네를 다시 찾을 수 없었다.

오랜만에 중학교 때의 친구를 만났다. 친구는 그 동네 이야기를 했다. 친구로부터 그가 들은 말은 역시 "많이 변했더라."였다. 몇 년에 한 번씩 만나는 친구지만 예전으로 돌아가 시간여행을 즐길 수 있었다.

차를 마시기 위해 찾은 장소는 백마 애니골이었다. '애니골'의 유래는 풍동의 옛 지명인 애현마을에서 유래한다. 사람들이 애현마을을 애현골이라고 부르다가 연인들이 많이 오는 곳이라고 해서 애인골이라고 부르다 지금의 애니골이 되었다고 한다. '백마'라는 이름도 예전 지명인 백석리와 마두리의 합성어다.

당시 백마가 이름을 알릴 수 있었던 것은 '화사랑'이 들어오고 나서부터였다. '그림이 있는 사랑채'라는 의미의 '화사랑'은 세미나와 음악회, 전시회 장소로 많이 이용되었다. '화사랑'은 1980년대 말부터 불기 시작한 신도시개발 바람에 쫓겨 장흥으로 갔다가 다시 여기로 자리를 잡았다.

그가 기억하는 주점 중의 하나는 '썩은 사과', 바로 이곳 '숲속의 섬'의 전 간판이다. '썩은 사과'는 이솝우화에 나오는 이야기를 따서 지은 이름이라고 한다. 80년대 여기서 대학생들이 시낭송회를 자주 하곤 했는데 시대가 시대인 만큼 경찰들의 감시가 심했다. 이름도 왜 썩은 사과냐며, 썩은 정부를 의미하는 것이 아니냐고 해서 '초록 언덕'으로 바꾸다가 지금에서야 '숲속의 섬'이라는 이름으로 자리 잡았다.

카페 입구에는 기찻길 부목들이 깔려있다. 옛 기찻길을 걷는 기분이 잠시 들었다. 예전 신촌역에서 경의선을 타고 도착한 곳이 백마였다. 막걸리에 취해서 열변에 토하는 사람들의 풍경, 논밭 옆 기찻길을 걷다가 경적소리에 화들짝 놀랐던 기억들이 떠올랐다. 한낮 달아오른 철로에 귀를 대보기도 했었다. 20대의 그때는 10년 전의 추억이 떠올랐기 때문이다. 초등학교 가는 길에 있었던 기찻길에 우리들은 그런 장난들을 많이 하면서 등하교를 했다. 철로에 귀를 대면 멀리서 오는 기차 소리를 들을 수 있었다.

카페 외벽에는 담쟁이 잎들이 다 지고 앙상한 가지만 남아 있었다. 우리는 피어오르는 흙난로에 손을 쬐며 잠시 회상에 잠겼다. 30년 지기 친구와 20년 전의 카페에서 다시 만나는 시간여행을 우리는 즐겼다.

헌책방의 추억도 마찬가지다. 새로운 책들이 많이 쏟아져 나옴에도 낡아버린 옛 책들을 찾고서 즐거워하면서 유년시절을, 청소년과 청년 시절을 그리워하는 이유는 무엇일까. 이미 시간은 많이 지나가 버렸고 그때 그 장소는 이미 변해버렸는데. 그는 그때 깨달았다. 추억을 그리워할 시간, 장소, 사람이 변하는 것은 어쩔 수 없이 받아들여야 한다는 것을 말이다. 자신의 얼굴에 세월의 흔적이 남듯이, 지나온 세월을 추억하는 것보다 살아갈 세월을 이야기하면 그것이 바로 추억이 된다는 것을.

헌책방, 인문학의 추억을 읽다

인문학, 헌책방에 말을 걸다

1판 1쇄 발행 | 2018년 9월 30일

지은이 | 김정희

펴낸곳 | 북씽크

펴낸이 | 강나루

주   소 | 서울시 서초구 명달로24길 46, 3층 302호

전   화 | 070-7808-5465

등록번호 | 제 206-86-53244

ISBN | 978-89-97827-65-7

이메일 | bookthink2@naver.com

이 도서는 한국출판문화산업진흥원의 출판콘텐츠 창작 자금 지원 사업의 일환으로
국민체육진흥기금을 지원받아 제작되었습니다.